ERFOLGREICH DELEGIEREN

ROBERT HELLER

DORLING KINDERSLEY

DORLING KINDERSLEY

Projektbetreuung Michael Downey
Projektbildbetreuung Ian Midson
Redaktion Felicity Crowe, Nicola Munro
Gestaltung Laura Watson

DTP-Design Jason Little
Herstellung Silvia La Greca,
Michelle Thomas

Reihenbetreuung Jane Simmonds
Reihenbildbetreuung
Tracy Hambleton-Miles

Cheflektorat Stephanie Jackson
Chefbildlektorat Nigel Duffield

Die Deutsche Bibliothek – CIP-Einheitsaufnahme

Ein Titeldatensatz für diese Publikation ist bei
Der Deutschen Bibliothek erhältlich.

Titel der englischen Originalausgabe:
How to Delegate

Übersetzung Erwin Peters, Helmut Reuter und
Wolfgang Rhiel für Redaktionsbüro
Dr. Karl-Heinz Ludwig, München
Redaktion Brigitte Maier, Text & Konzept, München
Satz Wolfgang Lehner, München

ISBN 3-8310-0307-6

Printed in Hong Kong by Wing King Tong

Besuchen Sie uns im Internet
www.dk.com

INHALT

UMGANG MIT KONTROLLE

KOMPETENZ-ERWEITERUNG

EINLEITUNG

Delegieren ist wesentlich für jede Führungskraft. Wenn es richtig gemacht wird, bringt es allen Beteiligten nur Vorteile. Dieses Buch soll Ihnen helfen, mit delegierten Aufgaben die bestmöglichen Resultate zu erzielen – von kleinen Alltagsjobs bis hin zu Führungsaufgaben. Hier werden alle Aspekte des Prozesses berücksichtigt: das Einstufen der Aufgabe, die Überlegung, welche Aufgaben an wen delegiert werden können, das Erkennen und Überwinden von Barrieren und das Vermeiden von Risiken. Praktische Anregungen, wie man Mitarbeiter motiviert und fördert, Loyalität aufbaut, Feedback gibt und bekommt, steigern Ihr Selbstvertrauen und Ihre Professionalität beim Delegieren. 101 praktische Tipps fassen die Hauptpunkte zusammen. Mit einem Test zur Selbsteinschätzung können Sie Ihre Fähigkeiten zum Delegieren überprüfen.

DER PROZESS DES DELEGIERENS

Eine zentrale Führungsqualität ist es, gut zu delegieren.
Um optimale Resultate zu erzielen, müssen Sie sich der Vorteile
bewusst sein und die Barrieren kennen, die Erfolg verhindern.

DELEGIEREN VERSTEHEN

Da Unternehmen immer komplexer werden, wird es auch immer schwieriger, Pflichten und Verantwortlichkeiten der Belegschaft genau zu definieren. Oft sieht es so aus, als mache jeder die Jobs der anderen. Delegieren ist der Schlüssel zur Effizienz.

1 Delegieren Sie zu Ihrem Vorteil und zu dem des Unternehmens.

▲ **DELEGIEREN ZUM FÜHRUNGSERFOLG**
Der Manager überwacht das delegierte Projekt. Er trägt die Verantwortung und lässt dem Beauftragten Selbstständigkeit.

WAS IST DELEGIEREN?

Delegieren bedeutet, einen anderen mit einer Aufgabe zu betrauen, für die der Delegierende letztendlich verantwortlich bleibt. Delegieren reicht von einer wichtigen Ernennung, z.B. zum Leiter eines Teams, das ein neues Produkt entwickelt, bis hin zu kleineren Aufgaben im Alltag des Unternehmens – vom Arrangieren eines Betriebsausflugs bis hin zum Gespräch mit einem Bewerber. Die Gesamtstruktur eines Unternehmens ist ein komplexes Netz delegierter Befugnisse, meist in hierarchischer Form, mit einem Mechanismus zur Berichterstattung und Steuerung.

GRUNDLEGENDE FRAGEN

Die Grundfragen des Delegierens sind Selbstständigkeit und Kontrolle. Wie selbstständig kann der Beauftragte handeln, ohne sich an den Delegierenden zu wenden? Wie weit sollte der Delegierende direkten Einfluss auf die Arbeit des Beauftragten ausüben? Wenn Sie jemanden auswählen, müssen Sie beurteilen, ob dieser Mitarbeiter zur Ausführung der Aufgabe imstande ist. Nachdem Sie die Aufgabe delegiert haben, sollten Sie dafür sorgen, dass er genug Handlungsfreiheit bekommt, die Aufgabe auf seine Weise anzugehen. Nach dem einleitenden Briefing erhalten Sie regelmäßig Berichte.

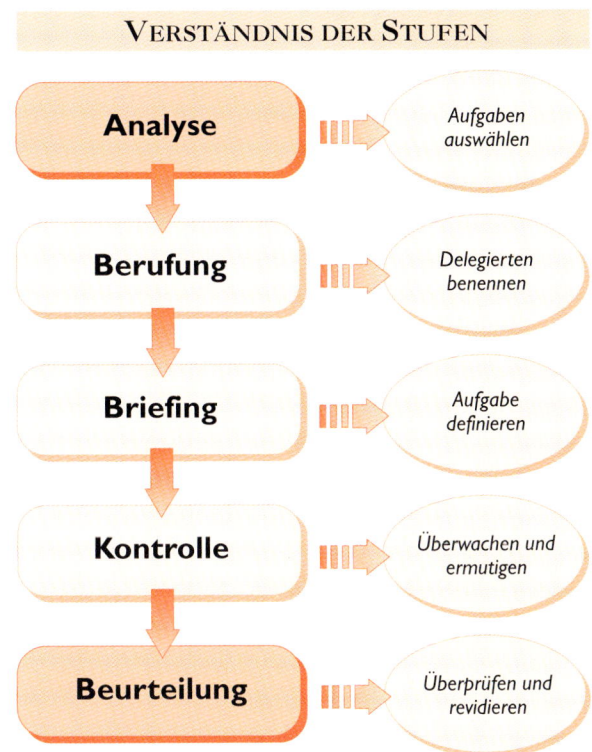

VERSTÄNDNIS DER STUFEN

Analyse → Aufgaben auswählen

Berufung → Delegierten benennen

Briefing → Aufgabe definieren

Kontrolle → Überwachen und ermutigen

Beurteilung → Überprüfen und revidieren

DEN PROZESS DEFINIEREN

Der permanente Prozess des Delegierens ist integraler Bestandteil der Rolle des Managers. Der Prozess beginnt mit der Analyse und Auswahl der Aufgaben, die delegiert werden sollen. Die Parameter einer jeden Aufgabe müssen klar definiert werden. Das hilft dem Delegierenden, einen passenden Mitarbeiter zu finden, den er so genau wie möglich einweist. Eindeutiges Briefing ist unerlässlich – Sie können Leute für unklare Aufgaben nicht verantwortlich machen. Eine gewisse Überwachung ist auch notwendig, sollte sich aber auf Kontrolle und Betreuung beschränken und nicht zur Einmischung führen. Die letzte Stufe ist die Beurteilung. Hat der Beauftragte seine Aufgabe gemeistert? Was kann – auf beiden Seiten – verbessert werden?

2 Seien Sie bei der Kontrolle positiv – erwarten Sie gute Nachrichten.

3 Zeigen Sie dem Beauftragten Vertrauen, auch wenn andere zweifeln.

Warum delegieren?

Delegieren hat eine Reihe von Vorteilen. Wenn Sie Ihre Arbeit rationalisieren, bleibt Ihnen mehr Zeit für die eigentlichen Aufgaben des Managements. Ihre Mitarbeiter werden motiviert und bekommen mehr Selbstvertrauen, es herrscht weniger Stress.

4 Delegieren Sie, um die Motivation zu steigern und Selbstvertrauen aufzubauen.

Mehr Zeit gewinnen

Viele Manager berichten, die Beanspruchung durch kurzfristige betriebliche Aufgaben und Kleinkram gestatte ihnen nicht, wichtigeren langfristigen Dingen genug Zeit zu widmen. Strategische Planung, Kontrolle und Weiterbildung leiden unter der Last nicht delegierter Routineaufgaben, die sie persönlich erledigen. Um mehr Zeit für sich selbst zu gewinnen, müssen Routinearbeiten vermehrt delegiert werden. Je häufiger Sie delegieren, desto mehr Erfahrung sammeln Ihre Mitarbeiter. Dann müssen Sie schon nach kurzer Zeit deutlich weniger Mühe in die Briefings investieren.

5 Planen Sie jeden Tag genügend Zeit für Ihre langfristigen Projekte ein.

Stress verringern

Der wachsende Erfolgsdruck auf Führungskräfte führt zu immer mehr Stress. Die Symptome sind Gereiztheit, zerstreutes Verhalten, Papierstapel auf dem Schreibtisch und übervolle Terminkalender. Ein übersichtlicher Schreibtisch und ein überschaubarer Terminkalender lassen sich am besten durch Delegieren erreichen. Delegieren verringert nicht nur den Druck auf den Delegierenden, sondern kommt meist dem Beauftragten, dem Team und der Abteilung zugute. Erwägen Sie vor dem Delegieren gründlich die Anforderungen der Aufgabe, und schätzen Sie die Fähigkeiten der Person ein, die sie beauftragen wollen.

Wichtige Fragen

F Kann ich der strategischen Planung und der Gesamtüberwachung genug Zeit widmen?

F Ist mein Schreibtisch überladen mit unvollendeten Aufgaben?

F Sind die Mitarbeiter begeistert und hinlänglich motiviert?

F Delegiere ich notwendige Routinearbeit an die Mitarbeiter?

F Hat Weiterbildung Priorität, um noch effektiver an meine Mitarbeiter delegieren zu können?

DELEGIEREN MOTIVIERT

Das Bewusstsein, etwas geleistet zu haben, steht für jeden im Zentrum der Arbeitsfreude. Effektives Delegieren erhöht die Verantwortlichkeit. Das stimuliert, bringt dem Beauftragten mehr Zufriedenheit und ein größeres Selbstwertgefühl. Delegieren heißt Verantwortung zuweisen. Das ist die Hauptquelle für mehr Leistung. Ihre Mitarbeiter werden sich nur entfalten, wenn sie Aufgaben bekommen, die Fähigkeiten, Erfahrung und Selbstvertrauen aufbauen. Sie leisten am meisten, wenn alle klar umgrenzte Aufgaben und Verantwortungsbereiche haben, die in richtiger Relation zu ihren Kenntnissen und Mitteln stehen. Halten Sie regelmäßig effektive Feedback-Besprechungen ab, um die Motivation der Beauftragten aufrechtzuerhalten.

6 Überzeugen Sie sich, ob Sie Erfahrung zur Betreuung anderer haben.

7 Wenn Delegieren nicht funktioniert, fragen Sie: »Was mache ich falsch?«

KOSTEN DES NICHT-DELEGIERENS

Delegieren kostet Zeit. Man muss mehr organisieren und Prioritäten setzen. Aber es kostet weit mehr, es nicht zu tun. Der Manager, der nicht oder ineffizient delegiert, wirkt nicht nur unorganisiert und planlos, sondern verschwendet wöchentlich auch viele Stunden mit der Ausführung von Arbeiten geringerer Priorität. Das kann zu unnötigen Überstunden von Führungskräften führen, zur Unzufriedenheit der Angestellten, zu Engpässen und verpassten Terminen. Langfristig haben all diese Faktoren schädliche Konsequenzen.

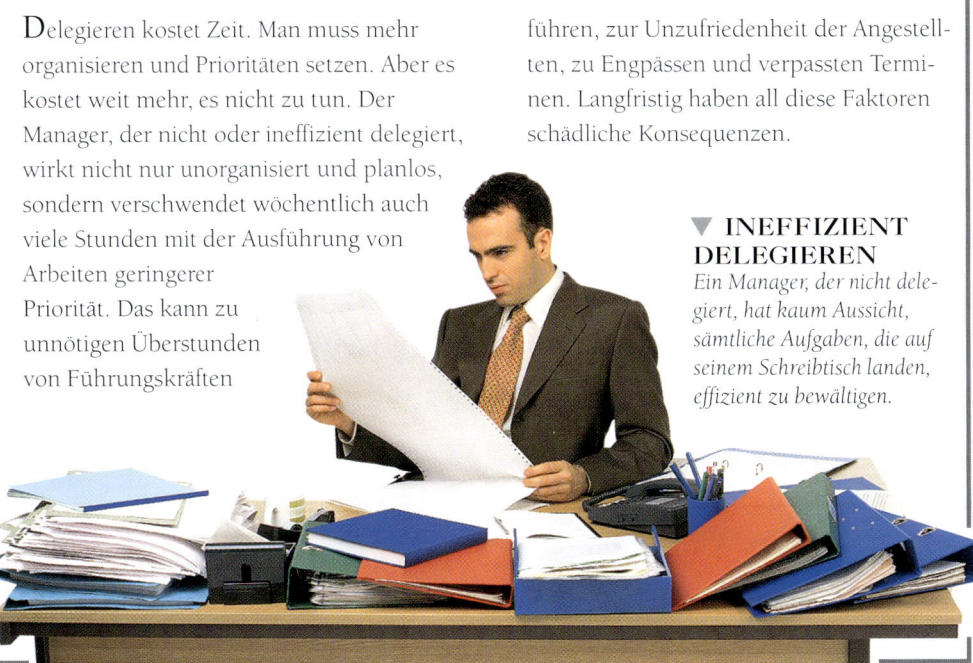

▼ **INEFFIZIENT DELEGIEREN**
Ein Manager, der nicht delegiert, hat kaum Aussicht, sämtliche Aufgaben, die auf seinem Schreibtisch landen, effizient zu bewältigen.

BARRIEREN ERKENNEN UND ÜBERWINDEN

Managern erscheint das Delegieren oft schwierig. Barrieren, die das Delegieren verhindern, beruhen auf Gefühlen der Unsicherheit und des Misstrauens. Die Vorteile, die es bringt, wenn man diese Gefühle überwindet, gleichen mögliche Nachteile aus.

8 Behalten Sie Arbeit nicht bei sich, weil Sie etwas besser können.

SELBERMACHEN

Als Manager können Sie viele Aufgaben möglicherweise effizienter erledigen als Ihre Mitarbeiter. Aber wenn Sie versuchen, alles nur selbst zu machen, weil Sie schneller und versierter sind, sind Sie zweifellos überlastet. Sie haben dann nicht mehr genug Zeit für anspruchsvollere Aufgaben, die nur Sie bewältigen können. Außerdem: Wie sollen Ihre Mitarbeiter geübt werden, wenn sie keine Gelegenheit zu neuen Aufgaben bekommen?

MANAGER NUTZT ▼ SEINE ZEIT FALSCH
Hier erledigt der Manager nicht nur seine eigene Arbeit, sondern verschwendet Zeit, die er für Wichtigeres verwenden könnte. Er erledigt Routinearbeit, die er an geeignete Angestellte delegieren sollte.

Manager arbeitet an angemessener Aufgabe auf hohem Niveau.

Simple Arbeit ist Zeit- und Energieverschwendung.

Manager sollte das Fax nicht selbst versenden.

MITARBEITER ÜBERLASTEN

Die Furcht, Mitarbeiter zu überlasten, ist ein großes Hindernis beim Delegieren – der gewissenhafte Manager will seine Mitarbeiter natürlich nicht übermäßig mit Arbeit belasten. Wenn die Mitarbeiter schon voll ausgelastet sind, wie kann man dann noch Arbeit delegieren, ohne sie zu überlasten? Eine Lösung wäre, Aufgaben zurückzuhalten und Zeit zu suchen, sie selbst zu erledigen. Vernünftiger wäre es, die Angestellten analysieren zu lassen, wie sie ihre Zeit verwenden und freie Kapazität für Mehrarbeit zu suchen. Wenn Personalmangel wirklich das Problem ist, kann dies nur durch Neueinstellung behoben werden.

WICHTIGE FRAGEN

F Wie viel Zeit verwende ich für Dinge, die ich an Kollegen delegieren sollte?

F Kann ich daraus lernen, wie mein Chef an mich delegiert?

F Habe ich den Papierkram im Griff?

F Weshalb rege ich mich auf, wenn ein Angestellter einen Teil meines Jobs gut abwickelt?

F Wie viel freie Arbeitskapazität gibt es in meiner Abteilung?

9 Delegieren Sie effizient, um Ihre Leistung zu stärken.

10 Seien Sie loyal zu Mitarbeitern, dann sind sie es auch.

MANGELNDE ERFAHRUNG

Zur Grundmechanik des Delegierens gehören allgemeine Managementfähigkeiten – einschließlich der Kenntnis im Kontrollieren und Überprüfen. Für Manager mit weniger Erfahrung besteht die Herausforderung darin, die komplexen Aspekte des Prozesses zu meistern, also insgesamt einen wirksamen, angemessenen Führungsstil zu erreichen. Delegieren ist ein Vorgang, bei dem Sie Ihre Kenntnisse durch den Prozess selbst entwickeln und vervollkommnen. Selbstvertrauen und Fähigkeiten nehmen zu, je mehr Sie delegieren.

DIE ÜBERSICHT VERLIEREN

Der Wunsch, alles im Griff zu haben, ist eine menschliche Eigenschaft. Delegieren bedingt den Verlust direkter Kontrolle, und dieser Verlust ist eine potenzielle Barriere. Wenn ein Manager delegiert, überträgt er die Verantwortung zur Ausführung seinem Beauftragten – aber er behält die Gesamtkontrolle insofern, als er die richtige Person wählt, eine klare Idee über die Abwicklung hat, regelmäßig Berichte bekommt und Feedback gibt.

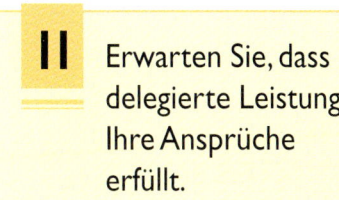

11 Erwarten Sie, dass delegierte Leistung Ihre Ansprüche erfüllt.

Angst überwinden

Angst ist eine wesentliche Barriere beim Delegieren. Manchmal fürchten Manager, dass der Beauftragte seine Sache so gut macht, dass dadurch die eigene Position gefährdet wird. Damit geht die Angst einher, dass der »Verlust« einer Aufgabe die persönliche Bedeutung beeinträchtigt. Normalerweise befürchtet man, dass der Beauftragte seine Aufgabe schlecht erledigt. Stellen Sie sich vier Fragen: Ist die Aufgabe zum Delegieren geeignet? Ist der Beauftragte dafür qualifiziert? Werde ich ihn voll und ganz einweisen? Biete ich ihm Unterstützung, Autorität und Mittel? Wenn die Antworten »Ja« lauten, gibt es nichts zu befürchten.

12 Regen Sie »überarbeitete« Leute, dazu an, über ihre Zeit Buch zu führen.

Sich unsicher fühlen

Unsichere Manager, die nicht delegieren, unterschätzen ihre Angestellten und gefährden damit sich selbst. Wenn Sie gut ausgebildete und motivierte Mitarbeiter zur Ausführung der delegierten Arbeit einteilen, brauchen Sie sich nicht unsicher zu fühlen. Delegieren gefährdet die Position des Delegierenden keineswegs, sondern steigert die Leistung und sichert damit zugleich den Arbeitsplatz. Deshalb haben Topmanager oftmals eine leere Schreibtischplatte – sie konzentrieren sich auf wenige Aufgaben mit hoher Priorität.

Misstrauisch sein

Manager können auch dann noch unsicher sein, wenn die Mitarbeiter ihre Kompetenz bewiesen haben. Wer schlecht delegiert, meint, dass eine Aufgabe, vor allem wenn sie wichtig ist, nur »auf seine Weise« bewältigt werden kann. Das führt zu sehr restriktiven Briefings, die nur wenig Raum zur Eigeninitiative lassen. Widerstehen Sie dem Drängen, sich mehr als nötig einzumischen. Das verursacht mehr Arbeit und schadet dem Ziel.

13 Denken Sie daran, dass Delegieren umso leichter fällt, je öfter Sie es tun.

14 Nutzen Sie Delegieren als effektives Mittel zur Schulung Ihrer Mitarbeiter.

15 Wenn Sie oft »Ich habe keine Zeit« sagen, teilen Sie Ihre Zeit falsch ein.

FEHLENDES VERTRAUEN

Wenn beide Seiten im Delegationsprozess einander nicht vertrauen, wird der Prozess extrem schwierig. Der Manager muss volles Vertrauen haben, dass die Person seiner Wahl die Aufgabe bewältigen kann, und der Beauftragte muss spüren, dass der Manager fair ist. Mitarbeiter müssen sich der Integrität, der Kompetenz und der Loyalität sicher sein. Beiderseits ist Vertrauen unabdingbar. Vertrauen ist nicht blind, sondern hängt von guter Leistung ab. Vermitteln Sie den Beauftragten während des Projekts ehrliches und konstruktives Feedback.

ZU BESCHÄFTIGT SEIN

Die eigene tägliche und wöchentliche Terminplanung ist eine wesentliche Voraussetzung zum erfolgreichen Delegieren. Ein überarbeiteter Manager mit schlecht organisiertem und überladenem Terminkalender ist einerseits selbst daran schuld, anderseits das Opfer unzulänglichen Delegierens. Nur allzu leicht gerät man in einen Teufelskreis: Sie delegieren nicht genug, weil Ihnen die Zeit fehlt, die Aufgaben zu erklären oder zu überwachen. Deshalb machen Sie ständig das, was delegiert werden sollte – und das bedeutet wiederum, dass Ihnen die Zeit fehlt, die Aufgaben zu erklären oder zu überwachen. Ordnen Sie Ihren Terminplan so, dass Ihnen genug Zeit bleibt für Planung, präzises Briefing und Kontrolle. Die dafür investierte Zeit lohnt sich langfristig auf jeden Fall.

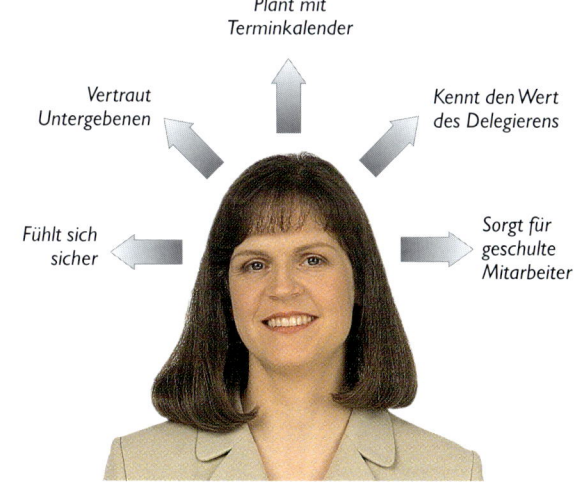

Plant mit Terminkalender

Vertraut Untergebenen

Kennt den Wert des Delegierens

Fühlt sich sicher

Sorgt für geschulte Mitarbeiter

MANAGERIN, DIE DELEGIERT

▲ BARRIEREN ÜBERWINDEN

Wenn Sie Barrieren erkennen, die Sie am sinnvollen Delegieren hindern, haben Sie diese schon mehr als zur Hälfte überwunden. Wenn Sie Ihre anfänglichen Ängste erst einmal überwunden haben, wird sich Ihre Effizienz in kurzer Zeit erheblich erhöhen.

Beziehungen aufbauen

Ehrlichkeit, Aufgeschlossenheit und effektive Kommunikation sind wichtig zum erfolgreichen Delegieren. Sie helfen, Vertrauen aufzubauen und persönliche Barrieren zu überwinden. Sie sollten das Vertrauen festigen und Wertschätzung erreichen.

> **16** Geben Sie den Beauftragten lieber zu viele Befugnisse als zu wenige.

Gut kommunizieren

Wenn Manager ihr Wissen für sich behalten, nur sporadisch und unvollständig etwas mitteilen oder nicht einmal den Versuch machen, die Wahrheit zu sagen, dann breiten sich Misstrauen und eine allgemeine negative Einstellung schnell unter den Mitarbeitern aus. Aber Missverständnisse und ungerechtfertigte Verdächtigungen können sich ergeben, selbst wenn Leute glauben, sie besprächen Dinge offen und ehrlich. Manche Manager hören nur, was sie hören wollen, und Angestellte wagen nicht, zu widersprechen. Sie müssen sich klar ausdrücken und richtig zuhören. Das ermutigt andere, Ihnen ihre Gedanken und Meinungen mitzuteilen.

> **17** Reagieren Sie schnell auf ungerechtfertigte Gerüchte.

Wahrnehmungen vergleichen

Wenn Sie sich fragen, ob Sie beim Delegieren hilfreich sind, sollten Sie stets den Standpunkt des Beauftragten vor Augen haben. Vielleicht entdecken Sie eine überraschende Kluft in der Wahrnehmung der Situation. Machen Sie von Anfang an klar, dass Sie eine ehrliche Meinung über Ihren Delegierstil wünschen und erwarten. Wenn das Feedback darauf hinweist, dass man Sie für lästig und misstrauisch hält, ändern sie das sofort. Je mehr Ihre Mitarbeiter begreifen, dass sie wirklich verantwortlich sind, umso mehr leisten sie.

> **18** Behalten Sie Leute nicht, denen Sie nicht vertrauen.

> **19** Nehmen Sie Wahrnehmungen ernst, und analysieren Sie diese objektiv.

MEINUNGEN RESPEKTIEREN

Behandeln Sie alle mit demselben Respekt, den Sie selbst erwarten, denn Ihre Mitarbeiter sind Ihre Verbündeten. Wenn Sie delegieren, so bedeutet das Respekt, Vertrauen und Glauben an die Fähigkeit und Eignung der anderen. Um gegenseitigen Respekt aufzubauen, fragen Sie Ihre Mitarbeiter, wie die Arbeit – ihrer Meinung nach – gemacht werden sollte, und hören Sie den Vorschlägen genau zu.

TUN UND LASSEN

✔ Kommunizieren Sie gut mit Ihren Mitarbeitern.

✔ Halten Sie Ihre Mitarbeiter für kompetent.

✔ Zeigen Sie den von Ihnen Beauftragten, dass Sie sie respektieren und schätzen.

✔ Bringen Sie Ihren Mitarbeitern Loyalität entgegen.

✔ Geben Sie den von Ihnen Beauftragten Gelegenheit, ihre Meinung einzubringen.

✘ Erschrecken Sie nicht vor unterschiedlichen Auffassungen.

✘ Vergessen Sie nicht, dass Vertrauen auf Gegenseitigkeit beruht.

✘ Verlangen Sie nichts, was Sie selbst nicht machen würden.

✘ Missbrauchen Sie Beauftragte nicht als Sündenböcke.

✘ Hindern Sie Mitarbeiter nicht, ihre Meinung zu äußern.

EIN BLICK AUF DIE TRANSAKTIONSANALYSE

Die Transaktionsanalyse ist eine systematische Betrachtung zwischenmenschlicher Verhaltensweisen, die drei »Ichs« definiert:

• ELTERN-ICH: Lenkend, kontrollierend, helfend.

• ERWACHSENEN-ICH: Vernünftig, objektiv, faktenorientiert.

• KIND-ICH: Egozentrisch, abhängig, eigensinnig.

Durch Beobachtung kann man erkennen, welches System in einem Menschen dominiert. Manche dominieren z.B. über andere, indem sie ihr ELTERN-ICH einsetzen, um das KIND im anderen zu provozieren. Oder das KIND will Mitleid heischen, um andere zu beeinflussen. Produktives Delegieren beruht auf gegenseitigem Respekt, der am besten beim Umgang im ERWACHSENEN-Modus vorherrscht.

DIE RICHTIGE HALTUNG ▶

Der zwischenmenschliche Prozess des Delegierens wird wesentlich verbessert, wenn die Beziehung offen und ehrlich von ERWACHSENEM zu ERWACHSENEM läuft.

SINNVOLLES DELEGIEREN

Sachverständige Führungskräfte delegieren erfolgreich, weil sie zielbewusst Aufgaben auswählen, die Beauftragten überwachen und ihnen positives Feedback geben.

AUFGABEN AUSWÄHLEN

Ehe Sie Ihre Technik des Delegierens verbessern können, müssen Sie entscheiden, welche Aufgaben Sie delegieren können. Dazu müssen Sie Ihre Zeit sowie die der Mitarbeiter einschätzen und Aktivitäten nach Dringlichkeit gruppieren und ordnen.

20 Lassen Sie nicht zu, dass andere Ihnen unnötig Arbeit verursachen.

21 Überprüfen und revidieren Sie Ihren Zeitplan alle drei bis sechs Monate.

ZEIT ANALYSIEREN

Haben Sie die Art, wie Sie Ihre Zeit einteilen, im Griff? Eine sinnvolle Übung ist es, zu bestimmen, wie Ihr tatsächlicher Zeitaufwand zu den Bereichen oder Aufgaben passt, für die Sie verantwortlich sind. Beginnen Sie die Analyse, indem Sie einen detaillierten Zeitplan über mindestens zwei Wochen führen: Notieren Sie alles, was Sie machen und wie viel Zeit Sie dafür aufwenden. Vielleicht stellen Sie fest, dass nur ein kleiner Anteil Ihrer Zeit für wichtige Dinge verwendet wurde und dass weitaus mehr Zeit für Routinearbeit verloren ging, die Sie delegieren könnten.

AUFGABEN GLIEDERN

Nach der Analyse Ihrer Zeiteinteilung analysieren Sie Ihre Aufgaben. Dazu teilen Sie die Aufgaben Ihres Zeitplans in drei Gruppen ein: Jene, die gar nicht erledigt werden müssen – weder von Ihnen noch von anderen. Jene, die Sie delegieren können und sollten, und schließlich jene, die Sie nicht delegieren können, sondern selbst erledigen müssen. Verwenden Sie diese Aufgliederung als Basis, um alle überflüssigen Aufgaben zu reduzieren, weitere Aufgaben zu delegieren und sich auf wesentliche Dinge zu konzentrieren.

BEWERTUNG IHRER TÄTIGKEIT

Welche Arbeit mache ich, die nicht gemacht werden muss?

Machen Sie's nicht und delegieren Sie's auch nicht.

Was mache ich, was ebenso gut ein anderer erledigen könnte?

Delegieren Sie diese Arbeiten an Mitarbeiter.

Welche Dinge bearbeite ich, die nur ich erledigen kann?

Was nicht zu delegieren ist, behandeln Sie vorrangig.

WEITERE WICHTIGE FAKTOREN ERWÄGEN

Wenn Sie nun entscheiden sollen, welche Aufgaben Sie delegieren, sind mehrere Faktoren zu berücksichtigen:

• Unsinniges kann ganz von der Aufgabenliste gestrichen werden.
• Ihre Aufmerksamkeit gilt den Aufgaben, die nur Sie bewältigen können.
• Gibt es qualifizierte Mitarbeiter für die zu delegierenden Aufgaben?
• Ist Ihr Vorgehen mit Ihrem eigenen Vorgesetzten abgestimmt?

Offensichtlich sind das nicht die einzigen Punkte, an die Sie denken müssen, aber erst wenn Sie einmal darüber nachgedacht und die richtigen Schritte eingeleitet haben, können Sie zur nächsten Stufe des Delegierungsprozesses schreiten.

22 Nehmen Sie nur an Meetings teil, die für Ihre Arbeit wichtig sind.

23 Wenn Sie nicht langfristig planen können, delegieren Sie nicht genug.

PRIORITÄTEN SETZEN

Wenn Sie entschieden haben, was Sie delegieren und was Sie selbst bearbeiten, können Sie einzelne Aufgaben bereits weitergeben. Ordnen Sie den Rest nach Priorität oder Dringlichkeit. Beginnen Sie mit einem Blick auf die Aufgaben, und bearbeiten Sie sie entsprechend der Dringlichkeit. Wenn möglich, vollenden Sie jeweils eine Arbeit, ehe Sie mit der nächsten beginnen. Je mehr Sie sich an dieses System halten, desto sinnvoller kommen Sie voran.

24 Geben Sie leichten Aufgaben keine Priorität vor schwierigeren.

ZEIT KALKULIEREN

Wenn Sie Aufgaben delegieren, müssen Sie eine relativ genaue Vorstellung haben, wie viel Zeit die Ausführung braucht. Bei der Schätzung können Sie sich auf Ihre eigene Erfahrung beziehen oder auf die anderer. Versuchen Sie nicht, Mitarbeiter an einen übertrieben knappen Zeitplan zu binden, sondern regen Sie sie an, ihre Zeitplanung und Ihr Vorgehen zu verbessern. Diese Verfahrensweise wirkt immer. Sie und Ihre Mitarbeiter werden feststellen, dass die aufgewandte Zeit – insbesondere bei Routinedingen, die seit Jahren nicht in Frage gestellt wurden – oft erheblich verkürzt werden kann, wenn man überflüssige Schritte eliminiert.

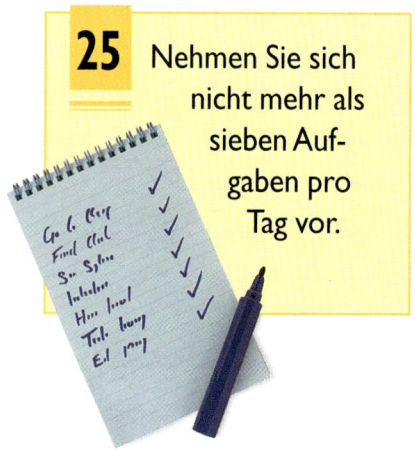

25 Nehmen Sie sich nicht mehr als sieben Aufgaben pro Tag vor.

AUFGABEN ZUSAMMENFASSEN

Die Liste der Aufgaben wird Tätigkeiten zeigen, die miteinander verwandt oder einander ähnlich sind. Prüfen Sie diese sorgfältig und fassen Sie sie zu Gruppen zusammen, z.B. Administration, Personal und Finanzen. Danach können Sie erwägen, jede Gruppe verwandter Aufgaben an einen Mitarbeiter zu delegieren. Insbesondere wenn Sie einen Mitarbeiter haben, der administrative Arbeiten gerne und sehr gut ausführt, ist es das Beste, diesen mit der ganzen administrativen Gruppe zu betrauen.

26 Stellen Sie lange bestehende Routinen grundsätzlich in Frage.

AUSWAHL TREFFEN

Letzten Endes wird die Wahl dessen, was Sie delegieren, ein subjektives Element enthalten. Mancher Job, den Sie delegieren könnten, liegt Ihnen vielleicht am Herzen. Vielleicht wollen Sie z.B. die guten täglichen Kontakte mit Lieferanten, die Sie lange kennen, selbst beibehalten, obwohl ein Angestellter das ebenso gut könnte. So etwas ist durchaus akzeptabel. Aber lassen Sie sich Ihre Wahl nicht von Abneigungen diktieren – Sie können nicht immer die Aufgaben delegieren, die Sie nicht mögen. Daher sollten Sie die Liste dessen, was nur Sie erledigen können, von Zeit zu Zeit revidieren und erwägen, ob die Liste gekürzt werden kann, vielleicht indem Sie jemandem beibringen, wie der Job gemacht wird.

NICHT VERGESSEN

- Aufgaben sind nach Priorität zu ordnen, basierend auf Dringlichkeit und Bedeutung.

- Etwas anzufangen, das man nicht beenden kann, zeigt zwar guten Willen, ist aber kontraproduktiv.

- Ihr Arbeitstag sollte effizient genutzt werden, und Zeitverschwendung ist inakzeptabel.

- Verantwortung für eine Gesamtaufgabe sollte nach Möglichkeit einem einzigen Mitarbeiter übertragen werden.

- Neue Möglichkeiten, um Aufgaben zu delegieren, müssen kontinuierlich gesucht werden.

BEISPIEL EINER AUFGABENGRUPPE

DAS PROJEKT

DER DELEGIERENDE
Ein leitender Angestellter wird beauftragt, Herstellung und Einführung eines neuen Produkts zu organisieren. Er behält die Gesamtverantwortung, listet auf, was zu machen ist, und gruppiert das in drei Bereiche zum Delegieren.

DIE ZU DELEGIERENDEN AUFGABEN

PERSONALBEREITSTELLUNG
Der Delegierende beauftragt eine Person mit der Entwicklung einer Personalstrategie, durch die vielseitig einsetzbare Mitarbeiter zur Einhaltung der Fristen und der vereinbarten finanziellen Limits bereitgestellt werden.

PRODUKTHERSTELLUNG
Er beauftragt einen anderen Mitarbeiter, den Stand der Entwicklung und des Fertigungsprozesses kontinuierlich aufzuzeichnen. Dieser soll außerdem die Fristen kontrollieren und Qualitätssicherungsverfahren entwickeln.

MARKETING
Einen dritten Mitarbeiter beauftragt er, das Budget zu berechnen zur Deckung der Gesamtkosten für den Vertrieb des neuen Produkts an die vorhandenen und an neue Kunden – einschließlich Mailings und Verkaufsreisen.

WICHTIGE AUFGABEN BEHALTEN

Als Manager sollten Sie möglichst viele einfache betriebliche Aufgaben delegieren. Aber es gibt auch Bereiche, die Sie nicht delegieren können, z.B. strategische Planung, Krisenmanagement und vertrauliche Fragen, wie Gehälter und Beförderungen.

27 Seien Sie sich der Aufgaben, die Sie nicht delegieren können, bewusst.

28 Planen Sie Zeiten zum Nachdenken so genau wie eine Konferenz.

AUFGABEN ZURÜCKBEHALTEN

Zu den Aufgaben, die Sie nicht delegieren können, gehören Hauptbereiche wie Überwachung der Gesamtleistung und vertrauliche Personalfragen – wie Mitarbeiter bezahlt, bewertet, befördert, informiert, betreut und beraten werden. Vielleicht müssen Sie auch Vereinbarungen mit wichtigen Kunden selbst erledigen. Räumen Sie diesen Aufgaben Ihre eigene angemessene Priorität ein.

ZEIT ZUM NACHDENKEN RESERVIEREN

Aufgaben, die Sie nicht delegieren können, haben gemeinsame Themen: die strategischen Ziele des Unternehmens, der Abteilung und Ihre eigenen. Die meisten Manager sind mit betrieblichen Einzelheiten beschäftigt, etwa dem Sammeln von Information oder der Vorbereitung von Konferenzen. Sie verbringen nur 20 Prozent der Arbeitswoche damit, nachzudenken. Durch effektives Delegieren können Sie Ihre Zeit reorganisieren, damit Gedanken über die strategische Planung den größten Teil Ihrer Zeit beanspruchen. Mit Delegieren und einer effektiven Nutzung der Informationstechnologie können Sie Ihre Zeit zum Nachdenken auf etwa 60 Prozent erhöhen.

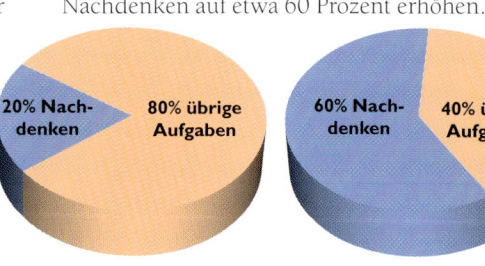

20% Nachdenken — 80% übrige Aufgaben — 60% Nachdenken — 40% übrige Aufgaben

DURCHSCHNITTSWOCHE   **IDEALE WOCHE**

AUFGABEN, DIE MANAGERN VORBEHALTEN BLEIBEN

VERANTWORTUNGSBEREICHE

LEITUNG
Für Entwicklung und Ablauf eines Projekts oder eines Unternehmens sorgen.

GEHÄLTER
Parameter für Gehälter und Prämiensysteme festlegen und aufrechterhalten.

KONTROLLE
Optimale Effektivität im Arbeitsprozess erreichen.

PERSONAL
Personalfragen und -entwicklung und Arbeitsdisziplin überwachen.

HAUPTKUNDEN
Wichtige Kontakte aufbauen und aufrechterhalten.

STRATEGIE
Hauptziele festlegen und nötige Mittel bereitstellen.

KOMMUNIKATION
Für effiziente Informationsvermittlung sorgen.

RESULTATE
Ergebnisse und Reaktion auf Erfahrungen bewerten.

ZU ERWÄGENDE FAKTOREN

Führungsaufgaben sind notwendig, um eine Gruppe oder ein Projekt zum Erfolg zu führen. Da sie eine wichtige Steuerungsfunktion haben, können sie im Allgemeinen nicht an Angestellte delegiert werden, aber mit einer oder zwei Führungskräften kann man sie teilen.

Das Festlegen des allgemeinen und individuellen Niveaus von Gehältern und sonstigen Vergütungen ist für die Motivation so grundlegend, dass dies eindeutig zur Kompetenz des Managers gehört. Dasselbe gilt für alle nichtfinanziellen Belohnungen.

Tägliche Arbeitsdisziplin, Sorgfalt, Qualitätskontrolle und effiziente Arbeitsausführung sollten nicht zu den betrieblichen Aufgaben des Managers gehören. Aber die Verantwortung, dafür zu sorgen, dass diese Kontrollen wirksam sind, kann nicht delegiert werden.

Der Manager muss die Karrieren und Leistungen der Mitarbeiter, persönliche Beurteilungen und Einschätzungen besonders verfolgen. Entscheidungen über Beförderung, Versetzung, Einstellung und Entlassung müssen behutsam und vertraulich getroffen werden.

Der beständige Erfolg eines Unternehmens steht in engem Zusammenhang mit guten Beziehungen zu den Hauptkunden. Der Manager darf diese Beziehungen niemals dadurch gefährden, dass er die Endverantwortlichkeit für diese Kontakte delegiert.

Zukunftsplanung (kurz-, mittel- und langfristig) ist eine Aufgabe, die von oben ausgehen muss. Strategien werden vom Manager entwickelt und umgesetzt, auch wenn ihr Erfolg von der engagierten Beteiligung aller Mitarbeiter, Teams und Abteilungen abhängt.

Die Sorge dafür, dass die richtigen Kommunikationskanäle vorhanden sind und ständig benutzt werden, kann nicht delegiert werden. Der Manager gewährleistet, dass der Informationsfluss sowohl zwischen den Mitarbeitern als auch zwischen den Abteilungen funktioniert.

Der Manager steckt in Übereinstimmung mit allen Mitarbeitern Ziele und überwacht, ob man ihnen näher kommt. Sind Fortschritt und Erfolg gefährdet, muss er eingreifen und sofort Schritte unternehmen, um den Kurs zu korrigieren und die Situation zu verbessern.

BEIM DELEGIEREN STRUKTUREN PLANEN

Delegieren ist ein geplantes und organisiertes Teilen von Verantwortung, das sorgfältiger Strukturierung bedarf. Nachdem Sie beschlossen haben, welche Aufgaben Sie delegieren, erstellen Sie eine Struktur und einen Gesamtplan für alle Aufgaben.

29 Investieren Sie Mühe und Zeit in die Strukturplanung.

30 Ziehen Sie Mitarbeiter heran, die Sie bei Notfällen einsetzen.

DIE STRUKTUR PLANEN

Eine Aufgabenstruktur gleich welchen Umfangs, ob sie einzelne Mitarbeiter oder das ganze Unternehmen betrifft, erinnert an einen Baukasten. Jeder Klotz repräsentiert eine spezifische Verantwortung und betrifft eine bestimmte Person oder Gruppe. Die Stabilität der Gesamtstruktur hängt von den Klötzen ab: Zieht man einen heraus, stürzt das ganze Gebäude zusammen. Für zusätzliche Stabilität sorgen Sie, wenn delegierte Aufgaben mit der Gesamtverantwortlichkeit des Beauftragten korrespondieren. Jeder Beauftragte sollte dem Delegierenden direkt berichten.

VERTRIEB
VERKAUF
MARKETING
FERTIGUNG
WARTUNG
VERWALTUNG

▼ FEHLERHAFTE STRUKTUR
Eine Struktur, in der Hauptteile fehlen, ist ein schwaches und instabiles Gebäude, das in Krisenzeiten zusammenbrechen kann.

FINANZEN
TECHNIK

EINE STRUKTUR ERRICHTEN

Wenn Sie eine Organisationsstruktur errichten, müssen Sie vor allem dafür sorgen, dass das Gerüst ausgewogen ist und auf alle Änderungen reagiert. Das erreichen Sie, indem Sie sicherstellen, dass jeder Beauftragte genug Hilfe erfährt, wenn sich unvorhergesehene Probleme ergeben. Im Fall von Abwesenheit sollte nach Möglichkeit immer für einen Vertreter gesorgt sein. Informieren Sie jeden Beauftragten über die Sicherungsstruktur, die Sie vorgesehen haben. Im Krisenfall muss jeder wissen, wohin er sich wenden und Hilfe suchen kann. Achten Sie beim Planen der Struktur darauf, dass die Struktur immer zweckdienlich, stabil und effektiv bleibt.

DAS IST ZU TUN

1. Zeichnen Sie einen Delegierungsplan auf.
2. Informieren Sie die Verantwortlichen rechtzeitig.
3. Bedenken Sie beim Delegieren die Gesamtstruktur.
4. Sorgen Sie dafür, dass die Beauftragten wissen, wem sie Bericht erstatten müssen.
5. Überwachen Sie den Fortschritt jedes Projekts.

DOPPELUNGEN VERMEIDEN

31 Wenn Sie Aufgaben planen, fassen Sie gleich Mitarbeiter ins Auge.

Wenn Sie die Verteilung von Aufgaben planen, passen Sie auf, dass Sie nicht zwei Personen mit derselben Aufgabe betrauen oder eine Aufgabe übersehen, die dann nicht erledigt wird. Entwerfen Sie eine Tabelle, in der Aktivitäten links aufgelistet werden und die Namen der verantwortlichen Personen entlang der Grundlinie erscheinen. Tragen Sie in jedes Kästchen der Tabelle eine Aufgabe und einen Beauftragten ein, um Lücken oder Überlappungen in der Aufgabenstruktur zu erkennen.

IM VORAUS DELEGIEREN

Es ist unangebracht, das Delegieren einfach als Ausweg für den überlasteten Manager anzusehen. Wenn ein Projekt näher rückt, für das Sie verantwortlich sind, führen Sie alle Delegierungsgespräche möglichst früh. Dadurch gewinnen Sie genug Zeit zum Vorbereiten eines detaillierten Briefings, ferner können Sie die Erfordernisse dieser Aufgabe mit dem Beauftragten ausführlich besprechen und für eventuell nötige Schulung sorgen.

32 Sorgen Sie dafür, dass jeder Beauftragte genug Hilfe bekommt.

EIGNUNG BEDENKEN

Außer wenn Sie beabsichtigen, das Management eines ganzen Projekts zu delegieren, müssen Sie die verschiedenen Anforderungen, die sich aus der Aufgabenverteilung ergeben, in Erwägung ziehen. Stellen Sie das Team überlegt zusammen.

33 Informieren Sie sich gründlich über die Fähigkeiten Ihrer Mitarbeiter.

34 Bieten Sie allen Ihre Unterstützung an, falls Fehler passieren.

AUFGABEN UMREISSEN

Um Aufgaben zielbewusst zu delegieren, müssen Sie einen Begriff von den Fähigkeiten des vorgesehenen Mitarbeiters haben. Erarbeiten Sie für jede Aufgabe eine genaue Beschreibung (einschließlich Umfang der Verantwortlichkeit) und ein klares Anforderungsprofil. Dabei spielt es keine Rolle, ob Sie nun ein großes Projekt delegieren, dessen Komponenten unterschiedliche Fähigkeiten bedingen, oder eine einfache Sache.

MITARBEITER SCHULEN

Wenn Sie den Einsatz ihrer Mitarbeiter mit etwas Vorlauf planen, denken Sie darüber nach, welche Kenntnisse sie besitzen oder entwickeln müssen, damit sie ihre Aufgaben erfolgreich bewältigen können. Selbst ein sehr fähiger und erfahrener Mitarbeiter bedarf unter Umständen der Hilfe beim Bewältigen einer neuen Rolle. Weiterbildungsmaßnahmen und Seminare bieten den Beauftragten nicht nur unschätzbares Wissen über die vorgesehene Aufgabe, sie ergänzen auch ihre Fähigkeiten im Allgemeinen. Überdies motivieren Schulungen die Mitarbeiter und stärken ihr Selbstvertrauen.

35 Drängen Sie Ihren Rat nicht auf, wenn es ohne ihn geht.

▼ **MITARBEITER-SCHULUNG**
Schulung dient der Stärkung der für neue Aufgaben benötigten Fähigkeiten und der Motivation der Mitarbeiter, die sich mit neuen Kenntnissen kompetenter fühlen.

Lehren ➤ **Stärken** ➤ **Motivieren**

MITARBEITER BEURTEILEN

Nachdem Sie die Aufgaben klar umrissen haben, erwägen Sie sorgsam die Eigenschaften der Teammitglieder, und denken Sie darüber nach, welche Rolle zu jedem einzelnen unter Berücksichtigung seiner Stärken und Schwächen passen könnte. Wenn Sie z.B. über die Rolle eines Projekt-Controllers nachdenken, suchen Sie jemanden, der gut mit Zahlen umgehen kann und genug Selbstvertrauen hat, um Maßnahmen einzuleiten.

36 Delegieren Sie an Personen, die Ihnen abweichende Meinungen sagen.

EIGENINITIATIVE GEFRAGT

Eigeninitiative ist eine gefragte Eigenschaft. Besonders wenn Sie jemanden für herausfordernde Aufgaben vormerken wollen, sollten Sie sich nach denen umschauen, die gern die Initiative ergreifen. Berücksichtigen Sie dabei auch, dass Personen mit eigenen Ideen leicht einmal eine andere Meinung als Sie haben. Ein Angestellter, der zur Auseinandersetzung in der Lage ist, zeigt Selbstvertrauen – eine gute Eigenschaft, die gefördert werden sollte. Widerspruch ist nicht gleich Ungehorsam.

EIGENINITIATIVE ▼ FÖRDERN

Die Managerin würdigt die Initiative, die der Beauftragte an den Tag legt, indem er seine Ideen möglichst klar übermittelt.

Vertrauensvolles, selbstsicheres Auftreten

Managerin zeigt sich beeindruckt.

Beauftragter präsentiert Ideen klar.

VERANTWORTLICHKEIT DEFINIEREN

Verantwortlichkeit ist das Herz des Delegierens, deshalb müssen Sie sie vor der Wahl der Beauftragten festlegen. Die Verantwortlichkeit muss präzise umrissen werden, so dass es keinen Zweifel geben kann, bei wem sie liegt und was sie beinhaltet.

37 Definieren Sie den Bereich, für den ein Beauftragter verantwortlich ist.

RICHTLINIEN BESTIMMEN

Delegieren funktioniert innerhalb von Richtlinien, deren wichtigste das Verständnis ist, dass jeder Beauftragte für eine spezielle Aufgabe verantwortlich ist. Sie müssen die Aufgabe sehr klar beschreiben, und der Beauftragte muss bestätigen, voll verstanden zu haben, was die Aufgabe beinhaltet. Aber auch wenn Sie Einmischung noch so sehr vermeiden möchten, kann es geschehen, dass der Beauftragte nicht weiß, was er machen soll. Die Richtlinie heißt hier: im Zweifelsfalle fragen.

38 Bestätigen Sie Verantwortungsbereiche stets schriftlich.

ÜBERLAPPUNGEN MEIDEN

Um Unklarheit darüber zu vermeiden, wer für welchen Teil einer Aufgabe verantwortlich ist, gliedern Sie delegierte Aufgaben in spezifische Elemente und weisen jedes Element einer bestimmten Person zu. Innerhalb der Gesamtstruktur von Verantwortung machen Sie jeden einzelnen Beauftragten für seine eigene Komponente der Aufgabe verantwortlich – z.B. Kontrolle der Ausgaben oder Bearbeitung von Verträgen mit externen Lieferanten. Diese »Einzelverantwortlichkeit« ist nicht nur präzise, sie reduziert auch weitgehend das Risiko, dass sich Bereiche von Aufgaben überlappen.

39 Regen Sie Mitarbeiter mit geteilter Aufgabe an, zusammenzuarbeiten.

VERANTWORTLICHKEIT TEILEN

Im Allgemeinen ist das Delegieren am wirksamsten, wenn die Verantwortung für eine Aufgabe bei einer Person bleibt. Das beugt Irrtümern vor und der Neigung, dass die eine Seite der anderen Fehler oder Versäumnisse vorwirft. Gemeinschaftliche Verantwortung ist jedoch normal in Teams, die sich selbst managen, oder in Projektgruppen, deren Mitglieder sich die Leitung teilen. In diesen Gruppen werden alle Entscheidungen kollektiv erreicht, und alle Mitglieder des Teams sind gemeinsam für das Ergebnis ihrer Arbeit verantwortlich. Soll geteilte Verantwortlichkeit funktionieren, so muss sie denselben Prinzipien gehorchen wie die individuelle Verantwortlichkeit – eine klare und abgesprochene Definition und Aufteilung der Aufgaben in genaue, individuell zugewiesene »Einzelelemente«.

40 Loben Sie jeden Erfolg, aber vermeiden Sie – wenn möglich – Tadel.

41 Sorgen Sie dafür, dass wichtige Dokumente alle erreichen.

▲ **EINZEL-VERANTWORTLICHKEIT**

Jedes Mitglied dieses Verkaufs- und Marketingteams ist dem Verkaufsdirektor individuell für einen speziellen Bereich verantwortlich. Der Direktor plant die Strategie und ist für die Teamleistung verantwortlich.

▲ **GETEILTE VERANTWORTUNG**

In diesem Verkaufsteam sind alle gleichermaßen verantwortlich für Planung und Ausführung einer Strategie, für das Erreichen von Zielen innerhalb eines festen Budgets und für die Effizienz des Teams.

DIE RICHTIGE PERSON WÄHLEN

Die Wahl der richtigen Person für die jeweilige Aufgabe ist äußerst wichtig. Wer sich eignet, erweist sich bei der Ausführung, und bald werden Sie lernen, die Fähigkeiten und Personen besser einzuschätzen und damit Fehlschläge zu vermeiden.

42 Akzeptieren Sie nie die negative Selbstbewertung eines Beauftragten.

43 Seien Sie stets erreichbar, falls ein Beauftragter für ein Projekt Hilfe braucht.

SCHNELLE ENTSCHEIDUNG

Wenn ein Job im Eiltempo erledigt werden muss und Sie der Versuchung, ihn selbst auszuführen, widerstehen können, sollten Sie niemals den Nächstbesten heranziehen. Unerwartete Talente tauchen dabei nur sehr selten auf. Wenn die Umstände Sie zu einer Blitzentscheidung zwingen und Sie wählen können, so entscheiden Sie sich für einen Mitarbeiter mit einschlägiger Erfahrung. Denken Sie auch daran, dass Eilprojekte genauere Überwachung als üblich erfordern.

OBJEKTIV SEIN

Zum durchdachten Delegieren ist es wichtig, dass Ihre Meinung über die Eignung einer Person für bestimmte Aufgaben nicht durch irrationale Faktoren getrübt wird. So kann z.B. ein Vorgänger oder Kollege Sie durch eine falsche Beurteilung beeinflusst haben. Vielleicht haben Sie selbst ein Vorurteil über jemanden, das nur auf einem einzigen unwesentlichen Zwischenfall basiert. Um sicherzugehen, dass Sie Ihre Entscheidung objektiv treffen, ziehen Sie Ihre schriftliche Tätigkeitsbeschreibung heran und vergleichen die Fähigkeiten des Kandidaten mit den Erfordernissen der Aufgabe.

KULTURELLE UNTERSCHIEDE

In Ländern wie den USA mit ihrer starken Hire-and-Fire-Mentalität delegieren Manager freizügig. Japanische Kollegen gehen selektiver zu Werke, weil Fehlschläge als Schande gelten. In Deutschland neigen Manager dazu, die Aufgaben allzu sehr unter Kontrolle zu behalten.

MITARBEITER BEWERTEN

Manchmal ist es kompliziert, Erfahrung und spezielle Fähigkeiten richtig einzuschätzen. Verschiedene Arten von Aufgaben setzen unterschiedliche Kenntnisse voraus. Bei einem Job ist z.B. Tempo wichtiger als Genauigkeit oder umgekehrt. Vielleicht gibt es den idealen Kandidaten für eine bestimmte Aufgabe gar nicht – dann wird Ihre Wahl zwangsläufig einen Kompromiss bedingen. Delegieren kann auch dazu genutzt werden, gute Mitarbeiter zu schulen.

44 Achten Sie darauf, dass Mitarbeiter nicht zu viel Arbeit übernehmen.

MITARBEITERMERKMALE

POSITIV	NEGATIV
• Chris geht alles analytisch an und stößt schnell auf die Wurzel des Problems. • Sie erfasst sofort die Einzelheiten einer Aufgabe.	• Chris wird mit dem Druck dringender Termine nicht fertig. • Zuweilen dauert es eine Weile, ehe sie das Gesamtbild erfasst hat.

• Egon packt die meisten delegierten Aufgaben mit Selbstvertrauen an. • Er ist ein hervorragender Allrounder.	• Egon delegiert Aufgaben selbst nicht gern. • Es fällt ihm schwer, sich einem langfristigen Projekt zu widmen.

• Hilde ist gut im Verwalten von Terminplänen und Budgets. • Sie arbeitet kooperativ im Team.	• Hilde zeigt nicht genug Initiative. • Sie fühlt sich nicht sicher, wenn sie eigenverantwortlich und ohne Aufsicht arbeitet.

MITARBEITER SCHULEN

Wenn Sie keine erfahrenen oder qualifizierten Mitarbeiter finden und Neueinstellungen nicht möglich sind, könnte es nahe liegen, nicht zu delegieren. Aber diese Lösung trägt nicht dazu bei, den künftigen Bedarf auszugleichen. Die richtige Schulung sorgt für den Ausbau vorhandener Fähigkeiten und zeigt oft bemerkenswerte Resultate. Je mehr Kenntnisse Ihre Mitarbeiter haben, desto mehr Kandidaten stehen Ihnen zum Delegieren zur Verfügung. Schulung wirkt auch motivationsfördernd, da alle ein größeres Selbstwertgefühl bekommen, wenn Sie in ihre Zukunft investieren.

WICHTIGE FRAGEN

F Gibt es Leute, die wichtigere Arbeiten verrichten könnten und sollten?

F Hat jeder meiner Mitarbeiter wenigstens eine Aufgabe, durch die er sich weiterentwickelt?

F Sind meine Mitarbeiter vielseitig, und wenn nicht, wie kann ich das ändern?

F Mache ich etwas selbst, bloß weil es kein anderer kann?

BRIEFING VORBEREITEN

Wenn Sie ein Briefing planen, so umreißen Sie zuerst Ihr Ziel und erstellen eine Checkliste, um sicher zu sein, dass jeder einzelne Aspekt der Aufgabe berücksichtigt ist. Je vollständiger das Briefing, desto besser wird die Aufgabe ausgeführt.

45 Beschreiben Sie im Briefing alle Ziele möglichst präzise.

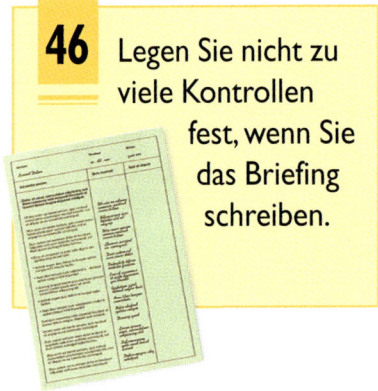

46 Legen Sie nicht zu viele Kontrollen fest, wenn Sie das Briefing schreiben.

ZIEL DEFINIEREN

Der wichtigste Teil beim Planen des Briefings ist die klare Definition des Gesamtziels. Umreißen Sie nach Möglichkeit die Ziele in Form einer Ergebniserwartung. Schreiben Sie lieber: »Einkauf von Büromaterial bis zum 31. März reorganisieren, um 10 Prozent der derzeitigen Kosten einzusparen« statt »Problem Büromaterial lösen«. Hier könnte die Kosteneinsparung als Nebenziel innerhalb eines umfassenderen Projekts zur Verbesserung der Büroeffizienz aufgenommen werden.

CHECKLISTE VERWENDEN

Beim Delegieren müssen Sie eine Aufgabe nach allen Aspekten aufgliedern, die Verantwortlichen für jeden Punkt namentlich festlegen und Verantwortungsüberschneidungen eliminieren. So erhalten Sie die Grundlage zur Checkliste. Nutzen Sie diese Liste, um festzustellen, ob im Briefing nichts Wichtiges weggelassen wurde und die Einzelaufgaben einen genauen Zeitplan haben. Lautet die Aufgabe z. B., die Effizienz von Reparaturen beim Kunden zu verbessern, so wird sie sich wahrscheinlich folgendermaßen aufgliedern: Identifizieren von Fehlerursachen beschleunigen, Fahr- und Reparaturzeiten verkürzen, Zufriedenheit des Kunden verbessern. Sorgen Sie dafür, dass Checkliste und Briefing genau ineinander greifen.

DAS IST ZU TUN

1. Fassen Sie die Ziele so klar und knapp wie möglich.
2. Bauen Sie in Ihr Briefing eine gewisse Flexibilität ein.
3. Stimmen Sie Ziele und erwünschte Ergebnisse ab.
4. Beugen Sie Überlappungen und Unterlassungen vor.
5. Prüfen Sie, ob der Beauftragte die Ziele kennt.
6. Fragen Sie nach Kommentaren zu Ihrem Briefing.

GLIEDERUNG EINES BRIEFINGS

THEMEN DES BRIEFINGS	DAS IST ZU BERÜCKSICHTIGEN
ZIELE Umreißt die Aufgabe, listet Haupt- und Nebenziele in klarer und knapper Form auf.	Erstellen Sie eine Liste mit allen Zielen, die Sie mit dem Beauftragten besprechen. Diese Liste muss ständig herangezogen werden.
MITTEL Spezifiziert Personal, Finanzen und die Einrichtungen, die zur Verfügung stehen.	Legen Sie die benötigten Mittel fest. Dazu gehören auch Kostenrahmen und Finanzverantwortlichkeit des Beauftragten.
ZEITPLAN Setzt Fristen fest mit Zwischenkontrolle, Teilergebnissen und Schlusstermin.	Nutzen Sie den Zeitplan zur Motivation und als Grundlage für eine kritische Verlaufsanalyse, die alle Stufen berücksichtigt.
METHODE Beschreibt das abgesprochene Vorgehen und fasst Hauptpunkte zusammen.	Entwickeln und vereinbaren Sie eine Arbeitsmethodik, die dem Beauftragten einen konkreten und zugleich flexiblen Handlungsrahmen bietet.
BEFUGNISSE Spezifiziert die Befugnisse des Beauftragten und legt fest, wem er Bericht erstattet.	Grenzen Sie die Befugnisse ab, damit der Beauftragte weiß, wann er sich an Sie wenden muss und wann er selbst entscheiden kann.

FLEXIBILITÄT ZULASSEN

Betrachten Sie Ihr Briefing nicht als unantastbar, sondern als Rahmen, innerhalb dessen Beauftragte flexibel handeln können, um ihre Ziele zu erreichen. Seien Sie aber in Bezug auf folgende Punkte präzise: Was wird von den Beauftragten erwartet? Welche Mittel sind verfügbar? Wann setzt die Funktion ein und welche Fristen sind gesetzt? Was »darf« der Beauftragte aufgrund seiner Vollmacht? Konzentrieren Sie sich beim Briefing auf die angestrebten Ergebnisse, aber lassen Sie dem Beauftragten möglichst viel Flexibilität darin, wie er vorgehen will. Bitten Sie um Rücksprache, Überprüfung und gegebenenfalls Revision des Briefings.

47 Sehen Sie in jedem Briefing einen Berichtsplan vor.

48 Der Beauftragte muss das Briefing verstehen und akzeptieren.

PRINZIPIELLE VEREINBARUNG TREFFEN

Jedes Briefing ist eine beiderseitige Verpflichtung auf die Ziele des Briefings. Sie bestätigen mit dieser Vereinbarung die Machbarkeit und die Eignung des Beauftragten, der Beauftragte muss erwägen, ob er die Aufgabe übernehmen kann.

49 Sprechen Sie mit dem Beauftragten, bevor Sie das Briefing schreiben.

DIE RICHTIGE ANNÄHERUNG

Es ist frustrierend, einem Mitarbeiter das definitive Briefing zu präsentieren und dann nur Skepsis über die Aufgabe vorzufinden. Treffen Sie stets eine prinzipielle Vereinbarung, ehe Sie das definitive Briefing schreiben. Die Mitwirkung des Beauftragten ist wichtig, wenn die Sache funktionieren soll. Ihre Wahl des Zeitpunkts, des Orts und der Verhandlungsmethode mit dem vorgesehenen Mitarbeiter kann über positive oder negative Reaktion entscheiden. Der Ort sollte dem Niveau der Berufung entsprechen. Zur Berufung auf hoher Ebene können Sie den Beauftragten zum Arbeitsessen einladen, bei Routinearbeiten besprechen Sie das in Ihrem Büro. Denken Sie bei der Wahl an die Bedürfnisse der vorgesehenen Person.

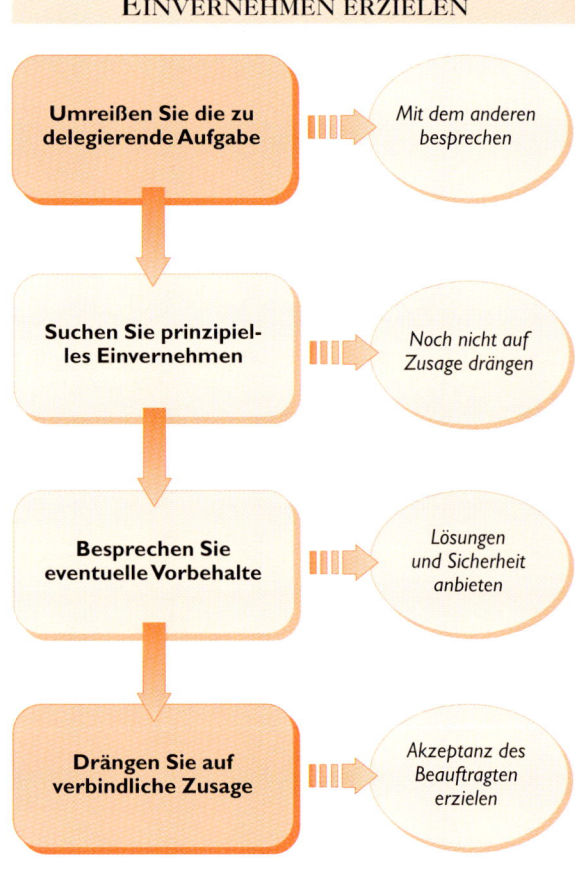

EINVERNEHMEN ERZIELEN

Umreißen Sie die zu delegierende Aufgabe → *Mit dem anderen besprechen*

Suchen Sie prinzipielles Einvernehmen → *Noch nicht auf Zusage drängen*

Besprechen Sie eventuelle Vorbehalte → *Lösungen und Sicherheit anbieten*

Drängen Sie auf verbindliche Zusage → *Akzeptanz des Beauftragten erzielen*

VORBEHALTEN BEGEGNEN

Wenn der vorgesehene Kandidat sich sträubt, die Aufgabe zu übernehmen, versuchen Sie zu ergründen, welche Vorbehalte er wirklich hat. Ein verbreiteter Grund für Bedenken und Hauptgrund für Demotivation ist ein Mangel an Selbstständigkeit. Weichen Sie diesem Problem nicht aus. Beruhigen Sie den potenziellen Beauftragten und achten Sie darauf, dass Ihre Körpersprache Ihre Worte unterstreicht. Zeigen Sie Vertrauen in die Entscheidung und in Ihren Kandidaten. Wenn Sie die Aufgabe als Gelegenheit zur Weiterentwicklung beschreiben, geben Sie dem Mitarbeiter das Gefühl, eher ein Partner als ein Untergebener zu sein. Sollten Sie die Bedenken des Kandidaten aber nicht ausräumen können, so versuchen Sie die Zusage nicht zu erzwingen. Finden Sie sich ab, und suchen Sie einen anderen.

Manager erscheint zuversichtlich.

Kandidatin stellt einige Punkte in Frage.

BRIEFING BESPRECHEN ▶

Bevor Sie das Briefing schreiben und einen Mitarbeiter berufen, besprechen Sie den Inhalt mit dem Kandidaten und geben Sie ihm oder ihr Gelegenheit, eventuelle Bedenken zu äußern.

50 Zögern Sie nicht beim Delegieren – überzeugen Sie.

51 Stellen Sie sich auf positive und negative Kommentare ein.

UNTERSTÜTZUNG ANBIETEN

Die meisten Leute reagieren nervös, wenn ihnen neue Verantwortlichkeit angeboten wird, und manche zweifeln an ihren Kenntnissen und Fähigkeiten. Um Ihre Aussicht auf eine positive Reaktion des Kandidaten zu steigern, bieten Sie ihm Ihre volle Unterstützung während der Auftragsausführung an – sowohl formell als auch informell. Angemessene Zweifel lassen sich manchmal auch zerstreuen, indem Sie andere Kollegen nennen, an die der Beauftragte sich wenden kann. Schlagen Sie vertraute Kollegen oder Mitarbeiter aus anderen Abteilungen vor, die Hilfe bieten können. Besprechen Sie auch, ob eine Schulung angebracht und erwünscht sein könnte.

BRIEFING ERSTELLEN

Nachdem Sie eine prinzipielle Vereinbarung getroffen haben, berufen Sie eine detaillierte Besprechung ein. Bedenken Sie Ihr Vorgehen, denn jetzt entscheidet es sich, ob die Partnerschaft zwischen dem Delegierenden und dem Beauftragten erfolgreich ist.

52 Wenn ein Kandidat ablehnend ist, stellen Sie seine Eignung in Frage.

53 Nachdem Sie jemanden beauftragt haben, müssen Sie ihn weiterhin ermuntern.

BRIEFING ÜBERMITTELN

Beim Briefing ist es die primäre Aufgabe des Delegierenden, wirksam zu kommunizieren und das volle Verständnis des Auftrags beim Beauftragten zu gewährleisten. Sie können das bewirken, indem Sie methodisch vorgehen. Erklären Sie das Ziel der Aufgabe deutlich, und legen Sie Ihre Erwartungen in Bezug auf Fristen und messbare Leistungen dar. Listen Sie die einzelnen Schritte auf und fragen Sie nach, ob der Beauftragte alles verstanden hat. Machen Sie deutlich, welche Bereiche des Briefing flexibel und welche genau einzuhalten sind.

ABSPRACHEN SICHERN

Selbst das optimal vorbereitete und übermittelte Briefing kann zu Missverständnissen führen. Sie lassen sich vermeiden, indem Sie während der ganzen Besprechung relevante Fragen stellen und den Beauftragen bitten, dies auch zu tun. Beachten Sie die Körpersprache: Mangelnder Augenkontakt kann bedeuten, dass der Beauftragte nicht ganz Ihrer Meinung ist oder nur mit Mühe folgen kann. Vermuten Sie eine Meinungsdifferenz, bitten Sie, das Gehörte zu wiederholen, um sicher zu sein, dass es verstanden wurde. Machen Sie dem Beauftragten klar, dass Sie seine Initiative erwarten, und versichern Sie, dass es über den Umfang seiner Vollmacht keinen Zweifel gibt.

GEBRIEFT WERDEN

Wenn Sie eine Aufgabe übernehmen, kann das Briefing Ihre einzige Gelegenheit zur Besprechung sein. Sorgen Sie also dafür, dass die Hauptziele geklärt werden. Jetzt haben Sie Gelegenheit, die Zuteilung von Mitteln und die Flexibilität des Terminplans zu erörtern. Erkunden Sie den Umfang Ihrer persönlichen Befugnisse, und fordern Sie im Zweifel jetzt mehr.

WAHL EINER BRIEFING-METHODE

STIL DES BRIEFINGS	DAS SOLLTEN SIE BEDENKEN
INFORMELL »Ich bitte Sie, das für mich zu übernehmen, wenn Sie Zeit haben.«	Für Leute, die Sie gut kennen, und zum Delegieren unwichtiger, einfacher Aufgaben. Mündliche Anweisung genügt, obwohl formelles Nachfassen erforderlich sein kann.
FORMELL »Ich habe beschlossen, Sie mit der Budgetkontrolle zu beauftragen.«	Wenn die Aufgabe für Sie und die Gruppe wichtig ist. Meist zusammen mit einem schriftlichen Briefing, welches Ziel und Endtermin der Ausführung festlegt.
KOLLEGIAL »Wir alle meinen, dass Sie die beste Person für die Aufgabe sind.«	Wenn Sie spezielle Kenntnisse einer Person innerhalb eines Teams oder einer Projektgruppe erkennen, der Sie spezielle Verantwortung übertragen wollen.
LOCKER »Ich brauche Ihnen ja nicht zu sagen, wie Sie das umsetzen.«	Ideales Verfahren für erfahrene Mitarbeiter. Sie verlassen sich darauf, dass der Beauftragte wichtige Entscheidungen ohne Anleitung oder Kontrolle trifft.
FEHLERSUCHE »Wir haben ein Problem, um das Sie sich kümmern sollten.«	Anerkennende Form des Delegierens. Ihr Kandidat ist kreativ, also umreißen Sie das Problem – er oder sie weiß schon, worauf es ankommt.
RECHTE HAND »Bitte nehmen Sie mir das ab, und machen Sie es besser als ich.«	Angebracht, wenn Sie einen Teil einer wichtigen Aufgabe einer Vertrauensperson übertragen, deren frisches Vorgehen vielleicht neue Lösungen erbringt,

BRIEFING BEENDEN

Beenden Sie die Briefing-Besprechung, indem Sie die Hauptpunkte des Auftrags zusammenfassen. Zum Abschluss danken Sie dem Mitarbeiter dafür, dass er die Aufgabe übernommen hat, und bringen Ihre Überzeugung zum Ausdruck, dass der Auftrag erfolgreich ausgeführt wird. Es ist wichtig zu betonen, dass Sie gerade diesen Mitarbeiter ausgewählt haben, weil Sie auf seine Fähigkeiten bauen. Legen Sie das Datum für die Folgebesprechung fest.

54 Wenn der Beauftragte berichtet, fragen Sie nach neuen Ideen.

UMGANG MIT KONTROLLE

Damit das Delegieren erfolgreich verläuft, ist es wichtig, über ein effektives und schnell reagierendes Kontrollsystem zu verfügen. Nutzen Sie es zur Überwachung des Arbeitsverlaufs.

WIE KONTROLLIEREN?

Ein gutes Kontrollsystem besteht aus einer sanften Zügelführung und einer festen Hand. So können Sie die Zügel immer anziehen, wenn Sie das für notwendig halten. Aber tun Sie es mit Takt und Gefühl – besonders dann, wenn der Beauftragte unerfahren ist.

55 Widmen Sie unerfahrenen Mitarbeitern besondere Aufmerksamkeit.

KULTURELLE UNTERSCHIEDE

Japanische Mitarbeiter operieren oft selbstständig, fühlen sich aber verpflichtet, alle Angelegenheiten mit ihren Vorgesetzten zu besprechen. In den USA wird die Kultur des Delegierens gefördert, aber die Kontrolle kann streng sein. In Europa geben Manager die Dinge nicht gern aus der Hand.

WIRKSAM BEAUFSICHTIGEN

Das Erfahrungsniveau Ihres Mitarbeiters hilft Ihnen zu entscheiden, ob Sie beim Kontrollieren einer delegierten Arbeit das Verfahren der Einmischung oder der Nichteinmischung anwenden sollten. Jemand mit beachtlicher Erfahrung im Bewältigen ähnlicher Aufgaben braucht weniger Aufsicht als jemand mit wenig oder keiner Erfahrung. Aber denken Sie auch daran, dass der Lernprozess irgendwo beginnen muss. Der Kontrollprozess bietet Ihnen Gelegenheit, die Fähigkeiten des Beauftragten zu bewerten und zu erweitern und für eine gute spezifische Schulung zu sorgen.

Tun und lassen

✓ Ermutigen Sie alle beauftragten Mitarbeiter, eigene Entscheidungen zu treffen.

✓ Schalten Sie so bald wie möglich vom Einmischen zur Nichteinmischung um.

✓ Greifen Sie ein, wenn es nicht anders geht, aber nur dann.

✓ Fragen Sie den Beauftragten, ob er sich für die Aufgabe geeignet fühlt.

✗ Geben Sie nie Zweifel an der Fähigkeit des Beauftragten zu erkennen.

✗ Überspringen Sie keine Stufe des Briefing-Prozesses.

✗ Ziehen Sie eine Aufgabe nie heimlich zurück.

✗ Setzen Sie Alter nicht über Fähigkeit.

✗ Geben Sie einem Beauftragten die Gelegenheit zu lernen. Mischen Sie sich nicht unnötig ein.

Unerfahrene Mitarbeiter

Einem Mitarbeiter eine Aufgabe zu übertragen, der so etwas zum ersten Mal macht, erfordert sorgfältiges Briefing und gewissenhafte Aufsicht während der Anfangsstufen. Helfen Sie ihm, sein Selbstvertrauen aufzubauen, indem Sie sich auf gute Arbeit konzentrieren und ihn loben. Wurde ein Fehler gemacht, so zeigen Sie, wie er vermieden hätte werden können, aber reiten Sie nicht darauf herum.

Einmischung vermeiden

Manager, die Distanz zwischen sich und ihren Mitarbeitern wahren, erzielen im Allgemeinen positivere Ergebnisse. Niemand arbeitet genau so wie Sie, also widerstehen Sie der Versuchung, einzuschreiten, wenn Sie meinen, die Aufgabe würde nicht nach Ihrer Methode erledigt. Statt dessen führen Sie regelmäßige Checks, Besprechungen und Berichte ein, um zu sehen, ob die Ziele erreicht werden. Wenn der Delegierende alle Entscheidungen trifft und sich ständig einmischt, ist das für die Mitarbeiter frustrierend. Außerdem spart der Delegierende dabei kaum Zeit.

SELBSTSTÄNDIGKEIT FÖRDERN ▼
Ein Manager, der sich ständig einmischt, nachdem er delegiert hat, verwehrt seinem Mitarbeiter nicht nur Selbstständigkeit, neue Kenntnisse und Erfahrungen, er delegiert auch nicht sinnvoll.

Rücksichtsloses Eindringen in den Raum des Mitarbeiters verursacht Spannung.

Geordnete Papiere werden grundlos durcheinander gebracht.

WAHL EINES KONTROLLSYSTEMS

ART DES SYSTEMS	DAS SOLLTEN SIE BEDENKEN

KONTROLLE DER KORRESPONDENZ
Sie behalten sich die meisten Befugnisse vor, müssen auch Memos, Rechnungen usw. abzeichnen.

- Sie bleiben über alle Entwicklungen voll informiert, können Fehlbeurteilungen vorgreifen und diese vermeiden.
- Kann ein Zeichen dafür sein, dass Sie dem Beauftragten kein volles Vertrauen schenken.

SCHRIFTLICHE BERICHTE
Ihr Beauftragter liefert regelmäßig einen schriftlichen Bericht über Maßnahmen, Ergebnisse und alle Zahlen.

- Ermutigt die Beauftragten, ihre Gedanken klar zu ordnen und volle Rechenschaft abzulegen, wie das Projekt vorankommt.
- Kann allzu große Distanz vermitteln.
- Kann dazu dienen, Probleme zu verschleiern.

PERSÖNLICHER BERICHT
Sie vereinbaren mit dem Beauftragten Gespräche über die Arbeit in regelmäßigen Abständen.

- Bietet Gelegenheit zu regelmäßigen, informellen Aktualisierungen und zu frühzeitigem Erkennen potenziell problematischer Situationen.
- Kann Delegierenden verführen, zu viele Entscheidungen selbst zu treffen.

POLITIK DER OFFENEN TÜR
Sie gestatten dem Beauftragten, jederzeit zwecks Hilfe oder Klärung mit seinem Problem zu Ihnen zu kommen.

- Sie können jederzeit Hilfe leisten, es betont den gemeinsamen Aspekt des Projekts.
- Der Beauftragte verlässt sich möglicherweise zu sehr auf Ihren Beitrag, statt Eigeninitiative zu entwickeln.

ZUGRIFF ÜBER PC
Sie nutzen das Netzwerk und IT-Systeme, um jederzeit über alle Vorgänge auf dem Laufenden zu sein.

- Sehr diskret und diplomatisch, ermöglicht Ihnen sich nur dann einzumischen, wenn eine wichtige Entscheidung nötig ist.
- Kann ein ungenaues oder unvollständiges Bild der aktuellen Situation liefern.

KONFERENZ
Sie besprechen die delegierte Aufgabe in einer Konferenz, an der alle am Projekt beteiligten Mitarbeiter teilnehmen.

- Hier können Themen in einem größeren Forum erörtert werden. Unterstreicht den Teamwork-Gedanken und die gemeinsame Verantwortung.
- Kann das Bewusstsein einer persönlichen Verantwortung für die Aufgabe schwächen.

STUFEN ELIMINIEREN

Sie können den Zeitaufwand zur Überprüfung des Verlaufs erheblich verringern, indem Sie die von Ihnen Beauftragten ermutigen, Verfahren zu rationalisieren oder zu vereinfachen. Die Verbesserung falsch konzipierter Verfahren reduziert die Arbeitsbelastung und verringert die Zahl der Stufen, die überwacht werden müssen. Bitten Sie die Beauftragten, unter Beachtung des Ziels alle Stufen, von der aktuellen bis zum Ausgangspunkt der Aufgabe, rückwärts durchzugehen. Überprüfen Sie, ob einzelne Stufen kombiniert oder eliminiert werden können. Veranlassen Sie, zeitraubende Übergaben von einer Person an eine andere zu eliminieren.

FORTGANG ÜBERPRÜFEN

Nachdem eine Aufgabe einmal gestartet ist, müssen Sie den Verlauf und die Leistung des Beauftragten überprüfen. Es gibt mehrere Wege, sich über Fortschritte auf dem Laufenden zu halten, darunter persönliche Gespräche mit dem Beauftragten, schriftliche Berichte und persönliche Beobachtungen. Entscheiden Sie sich für ein System, das zu Ihnen und zur Aufgabe passt und Ihnen alle nötigen Informationen liefert. Es muss Ihnen auch ermöglichen, zu prüfen, ob Sie auf dem Weg zum Ziel sind oder ob Korrekturmaßnahmen erforderlich sind.

56 Gehen Sie davon aus, dass jeder Prozess verbessert werden kann.

ÜBERPRÜFUNG DES VERLAUFS ▶

Wenn die Beauftragten aktiv am Prozess beteiligt sind und die Gelegenheit haben, ihre Ansichten zu äußern, verläuft das System des Delegierens optimal in beiden Richtungen.

Managerin hört den Berichten aufmerksam zu.

Beauftragte erläutert aktuelle Einzelheiten.

RISIKEN MINIMIEREN

Wer die Risiken erkennt, die mit dem Delegieren einer Aufgabe zu tun haben, kann den Fortgang leichter im Auge behalten und den Problemen vorbeugen. Entwickeln Sie Krisenpläne, reduzieren Sie das Risiko, und greifen Sie rechtzeitig ein.

57 Schlechte Nachrichten darf man Ihnen nie vorenthalten.

RISIKEN IM AUGE BEHALTEN

Wenn Sie die Fortschritte eines Beauftragten überprüfen, behalten Sie jene Bereiche der Aufgabe im Auge, die Ihnen besonders riskant erscheinen. Wenn es z.B. um die Überwachung des Kreditlimits von Kunden geht, besteht das Risiko, dass Kunden, über die keine Kreditauskunft vorliegt, einen zu hohen Kredit eingeräumt bekommen. Diese Aufgabe erfordert eine sorgfältigere Ausführung als eine mit geringen Risikofaktoren, wie etwa der Einkauf von Büromaterial. Führen Sie eine Liste sämtlicher Risiken und checken Sie von Zeit zu Zeit, ob sie noch gelten.

58 Spielen Sie nicht mit Risiko: Handeln Sie auf der Basis der Wahrscheinlichkeit.

AUSNAHME-MANAGEMENT

Ausnahme-Magement ist eine sehr effektive Kontrollmethode, bei der ein Beauftragter seinen Manager nur in jenen Ausnahmefällen informiert, die wichtige Entscheidungen erfordern. Sie hören dann nichts über Vorgänge, die planmäßig verlaufen, sondern nur bei Abweichungen von der Planung. Wenn z.B. ein Verkäufer beauftragt wird, Hauptkunden zu bearbeiten, braucht der Delegierende – solange Umsätze und Gewinn gleich bleiben – keine weiteren Entscheidungen zu treffen. Aber wenn der Kunde plötzlich einen höheren Rabatt fordert, muss der Verkäufer den Manager um eine Entscheidung bitten.

59 Nehmen Sie Problembereiche vorweg.

60 Entwickeln Sie Krisenpläne für den Ernstfall.

KONTROLLEN EINBAUEN

Kontrollpunkte wie ein fester zeitlicher Rahmen oder Limits im Etat können als effiziente Mittel dienen, um einen beauftragten Mitarbeiter zu führen und zu überwachen. Wenn Termine versäumt oder Kosten überschritten wurden, müssen Sie sofort mit dem Beauftragten reden, um die Ursachen des Problems zu identifizieren. Verlangen Sie regelmäßige Berichte, um zu prüfen, ob Ihr Briefing falsch war oder ob die Versäumnisse auf Versagen des Beauftragten zurückzuführen sind. Lag es am Briefing, überarbeiten Sie es. Wenn das Problem beim Beauftragten zu suchen ist, so erwägen Sie, ob eine Nachschulung hilft oder ob Sie die Aufgabe einem anderen übertragen sollten.

DAS IST ZU TUN

1. Listen Sie alle Risiken nach ihrer Bedeutung auf.
2. Reduzieren Sie ein Risiko in der Briefing-Phase.
3. Überprüfen Sie alle Risiken während des Delegierens.
4. Gehen Sie schnell die Ursachen der Probleme an.
5. Halten Sie Krisenpläne zur sofortigen Ausführung bereit.

61 Macht der Beauftragte mehrfach ernste Fehler, ziehen Sie ihn zurück.

SICHERUNGSMASSNAHMEN

Um sicherzugehen, dass Sie das festgelegte Ziel erreichen, sollten Sie für den Fall, dass nicht alles erwartungsgemäß verläuft, einen alternativen Handlungsverlauf vorsehen. Angenommen, Sie beauftragen einen unerfahrenen Mitarbeiter, genug Exemplare eines Artikels auf Lager zu halten, damit einer Ihrer wichtigsten Kunden regelmäßig beliefert werden kann. In diesem Fall können Sie das Risiko minimieren, indem Sie dafür sorgen, dass stets ein Mindestbestand verfügbar ist, auch wenn der Beauftragte zu wenig bestellen sollte.

FALLBEISPIEL

Birgit war Marketingmanagerin einer Firma, die Gartenmöbel fertigte. Die Geschäftsführung hatte die Toleranzen für Reklamationen und Retouren auf 3,5% festgelegt. Diese Spanne war akzeptiert und eingeplant, und es war abgesprochen, dass jede Zunahme dem Verkaufsdirektor mitgeteilt werden sollte.

Als Birgit eine Zunahme der Retouren feststellte, nahm sie an, dass die Ursache ein Fertigungsproblem sein könnte.

Ihren Anweisungen gemäß unterrichtete sie ihren Vorgesetzten, der dann das Problem mit seinem Kollegen in der Produktion besprach. Es zeigte sich, dass einige Maschinen verschlissen waren, aber die Finanzabteilung hatte deren Ersatz verhindert.

Die Geschäftsführung evaluierte die Lage und erkannte, dass die Verluste durch die Retouren schon bald die Kosten für neue Maschinen übersteigen würden. Man veranlasste sofort die Bestellung neuer Maschinen.

◀ **RISIKO MINDERN**
Hier wurde das Risiko, dass die Zahl der Retouren zu hoch würde, durch ein Limit begrenzt, bei dessen Überschreitung sofort Meldung gemacht werden muss.

POSITION DES BEAUFTRAGTEN STÄRKEN

Wenn Sie eine Aufgabe an jemanden delegieren, stellen Sie ihn stets dem Team vor und erklären Sie deutlich seine Verantwortlichkeiten. Das hilft ihm, sich als Mitglied des Teams zu fühlen und die Aufgaben zu übernehmen, für die er verantwortlich ist.

62 Loben Sie, wenn Beauftragte mit der Aufgabe wachsen.

NEUEN BEAUFTRAGTEN▼ VORSTELLEN

Stellen Sie den neuen Beauftragten dem Team vor und informieren Sie Kunden oder Lieferanten, die über seine Position unterrichtet sein müssen.

BEAUFTRAGTE EINFÜHREN

Damit das Delegieren seinen Zweck erfüllt, muss der Delegierende eine neue Berufung stets bekannt geben. Nachdem Sie eine Aufgabe delegiert haben, teilen Sie das allen relevanten Leuten mit, darunter allen Kollegen, Kunden und Lieferanten. Wenn die Berufung hochrangig ist, kündigen Sie das im entsprechenden Rahmen an, so dass Prestige und Selbstbewusstsein des Beauftragten gestärkt werden. Überzeugen Sie sich, ob die genaue Art der Verantwortlichkeit des Beauftragten von allen verstanden wurde.

Manager stellt neue Beauftragte vor.

Beauftragte mit offener Körpersprache.

IDEEN AKZEPTIEREN

Wenn Sie eine Aufgabe delegieren, delegieren Sie zugleich das Recht, Entscheidungen zu treffen. Wenn Sie den Beauftragten ermutigen, bei allen Stufen der Aufgabe oder des Projekts Eigeninitiative zu zeigen, stärken Sie sein Selbstvertrauen und sein Interesse an der Aufgabe. Akzeptieren Sie Ideen, selbst wenn die Vorteile Ihrer Meinung nach nur geringfügig wären. Ihre Aufgeschlossenheit gegenüber Ideen motiviert das ganze Team.

63 Behandeln Sie im Beisein von Dritten Beauftragte als Gleiche.

64 Regen Sie alle Beauftragten an, neue Ideen zu äußern.

GESAMTPROJEKT DELEGIEREN

Die höchste Form des Delegierens ist die Übertragung der Verantwortung für ein Gesamtprojekt an eine vertrauenswürdige Person. Dieses Delegieren eines Projekts betrifft dann alle delegierten Aufgaben, kleine und große. Die Gesamtverantwortung ist einer der wirksamsten Anreize. Sie können den Anreiz noch dadurch erhöhen, dass Sie dem Beauftragten gestatten, die Aufgaben nach eigenem Ermessen zu planen und auszuführen.

VERGLEICH VON MANAGEMENTTECHNIKEN

VERANTWORTUNG UNTERGRABEN	VERANTWORTUNG STÄRKEN
WIDERRUFEN Der Manager fragt, welche Entscheidung getroffen oder was unternommen wurde, und widerruft die Entscheidung oder Maßnahme.	**NICHTEINMISCHUNG** Der Manager mischt sich während der Ausführung nicht ein, ist aber voll informiert, um die richtige Ausführung zu sichern.
EINMISCHEN Der Manager verlangt Informationen über alle Fortschritte, kritisiert und räumt dem Beauftragten keine eigenen Rechte ein.	**RAT UND ZUSTIMMUNG** Der Manager übernimmt die Rolle des Beraters. Wichtige Entscheidungen über Fragen werden gemeinsam abgesprochen.
ÜBERNAHME Der Manager traut dem Beauftragten nicht, ist nicht in der Lage, die Kontrolle aufzugeben und verlangt tägliche Berichte über den Fortgang.	**BETREUUNG** Der Manager nutzt die delegierte Aufgabe als Gelegenheit, die Kenntnisse des Beauftragten und dessen Erfahrung zu erweitern.

HILFE LEISTEN

In den Frühstadien einer neuen Aufgabe brauchen Beauftragte oftmals positive Unterstützung und Ermutigung. Sie können ihnen zum Erfolg verhelfen, indem Sie benötigte Information, Zeit und Mittel zur Verfügung stellen und zusätzliche Hilfe gewähren.

65 Bedenken Sie, dass Hilfe auch als Einmischung empfunden werden kann.

66 Halten Sie regelmäßig Feedback-Sitzungen ab, aber nicht zu oft.

FORTGANG BEWERTEN

Es ist vernünftig, mit dem von Ihnen Beauftragten Besprechungen zu planen, ehe er den Auftrag annimmt. Wenn sich beide über Fristen und Prüfungen im Klaren sind, können Sie regelmäßig Kontakt halten und vermeiden das Risiko, dass Ihre Beiträge als Einmischung verstanden werden. Betonen Sie, dass Sie auch zwischen diesen Terminen zur Verfügung stehen und dass Sie informiert werden wollen, wenn sich Schwierigkeiten ergeben. Sollten die Ergebnisse von den Erwartungen abweichen, versuchen Sie gemeinsam herauszufinden, ob das auf einen Mangel an Mitteln, Zeit, Aufsicht, Erfahrung oder Leistung zurückzuführen ist.

FORTGANGSBESPRECHUNG MIT BEAUFTRAGTEN

Wenn Sie mit Beauftragten den Fortgang erörtern, verwenden Sie nur positive Fragen, die dazu ermutigen, eigene Lösungen für Probleme vorzuschlagen. Vermeiden Sie Fragen, die den Beauftragten entmutigen oder demoralisieren könnten.

„Gibt es etwas, auf das Sie mich aufmerksam machen wollen?"

„Wir haben den Termin nicht eingehalten. Was für Ursachen kann das haben?"

„Ich sehe, dass die Kosten überschritten werden. Was wollen Sie unternehmen, um sie im Rahmen zu halten?"

„Was können wir machen, um diesen Fehler nicht zu wiederholen?"

RAT BEISTEUERN

Während des gesamten Kontrollprozesses müssen die von Ihnen Beauftragten wissen, wann Sie über Probleme unterrichtet werden wollen und wann nicht. Die Sicherste ist, sie zu ermutigen, im Zweifelsfall immer um Rat zu fragen. Wenn Sie das nicht tun, können Probleme entstehen, die vermeidbar wären. Seien Sie stets teilnahmsvoll, positiv und ermutigend, wenn ein Beauftragter zu Ihnen kommt und um Ihre Hilfe bittet.

67 Beauftragen Sie erneut Mitarbeiter, deren Arbeit Sie beeindruckt hat.

HILFE BIETEN

Irgendwann kann der Beauftragte sagen, dass er die Hilfe anderer braucht, um das gesteckte Ziel zu erreichen. Benutzen Sie Ihr Urteilsvermögen, um festzustellen, ob dies eine berechtigte Forderung ist. Dann ermitteln Sie gemeinsam, wie viel Hilfe gebraucht wird. Sind andere Mitarbeiter nicht verfügbar, erwägen Sie Hilfe von außerhalb des Unternehmens. Halten Sie die Namen qualifizierter Leute bereit, aber machen Sie davon nicht allzu leicht Gebrauch. Gestatten Sie zusätzliche Mittel nur, wenn das Projekt gefährdet ist.

68 Erwägen Sie externe Hilfe, wenn erforderlich.

VERBINDUNGEN ▼
NUTZEN

Halten Sie eine aktuelle Liste erfahrener Leute zur Hand, so dass Sie schnell Hilfe suchen können, wenn diese benötigt wird.

Manager kontaktiert zuverlässige Leute.

Kontaktadressen stehen auf Karteikarten.

VEREINBARTE GRENZEN EINHALTEN

Bei jeder Fortgangskontrolle müssen Sie dafür sorgen, dass die Grenze zwischen Ihnen und der delegierten Aufgabe klar bleibt. Der Beauftragte ist für die Arbeit verantwortlich. Wenn die Grenze überschritten werden muss, ziehen Sie sich bald zurück.

69 Nach dem Delegieren mischen Sie sich nicht in die Ausführung ein.

70 Wenn Sie eine Aufgabe zurückziehen, beauftragen Sie einen anderen.

SICH ZURÜCKHALTEN

Während des Fortgangs sollten Sie die Häufigkeit der Besprechungen verringern. Das gilt vor allem, wenn die Beauftragten so etwas zum ersten Mal machen und zu Beginn mehr Aufsicht brauchen. Ständige Besprechungen gehen auf Kosten Ihrer Zeit und der des Ausführenden. Lehnen Sie niemals ab, wenn Sie um eine Besprechung gebeten werden, aber machen Sie dem Beauftragten auch klar, dass das Ziel Selbstständigkeit ist.

ZU LÖSUNGEN ANREGEN

Wenn dem Beauftragten Schwierigkeiten entstehen, kann es für Sie eine große Genugtuung sein, das Problem »wegzuzaubern«. Aber wenn der andere nicht lernt, künftig mit solchen Situationen fertig zu werden, ist nichts gewonnen. Machen Sie dem Beauftragten klar, dass er selbst darüber nachdenken sollte, wie es zu dieser Situation kam. Bestehen Sie darauf, dass jeder, der mit einem Problem zu Ihnen kommt, wenigstens zwei Problemlösungen anbieten muss, von denen er eine bevorzugt. So lernen Beauftragte, selbst Lösungen auszuarbeiten, und gewöhnen sich nicht daran, mit allen Fragen zu Ihnen zu kommen.

WICHTIGE FRAGEN

F Vermeide ich Einmischung, die nicht absolut notwendig ist?

F Beschränke ich die Besprechungen auf ein Minimum?

F Neige ich bei Schwierigkeiten dazu, die Aufgabe zu übernehmen, um Zeit zu sparen?

F Bringe ich den Beauftragten mein Vertrauen zum Ausdruck?

F Ermutige ich die Beauftragten, unabhängig zu arbeiten und eigene Lösungen zu finden?

PROBLEME ERKENNEN

Wenn ein sonst kompetenter Beauftragter eine Aufgabe nicht schafft, so suchen Sie nach den möglichen Ursachen. Liegt es etwa an zu viel Kontrolle, Einmischung oder Störung? Nehmen Sie selbst Arbeit zurück, weil Sie unzufrieden sind? Wenn Ihr Verhalten die Ursache ist, sorgen Sie sofort für Abhilfe. Wenn das Problem beim Beauftragten liegt, erwägen Sie alle möglichen Ursachen. Möglicherweise ist der Beauftragte mit Verantwortung überhäuft. Mangelt es ihm an Selbstvertrauen, oder kann er Kritik nicht verarbeiten? Führen Sie sich vor Augen, weshalb er berufen wurde, und bestätigen Sie ihm Ihr Vertrauen.

71 Halten Sie alle Fortgangsbesprechungen kurz.

72 Sorgen Sie dafür, dass der Beauftragte nicht den Mut verliert.

SCHWIERIGKEITEN MIT DEM ABGRENZEN

TYPISCHE PROBLEME	MÖGLICHE LÖSUNGEN
STÄNDIGE STÖRUNGEN Sie werden dauernd gefragt und müssen Entscheidungen treffen.	Der Beauftragte kann irrtümlich annehmen, dass Sie alles genau nachprüfen müssen. Erklären Sie ihm, dass Sie selbstständiges Handeln von ihm erwarten.
AUFGABE KOMMT ZURÜCK Die delegierte Aufgabe liegt wieder auf Ihrem Schreibtisch.	Überlegen Sie, ob die Aufgabe zu komplex war. Überlegen Sie mit dem Beauftragten, ob sie in mehrere, leichter zu bewältigende Elemente aufgeteilt werden kann.
MEHR ARBEITSBELASTUNG Obwohl Sie delegiert haben, ist Ihr Arbeitspensum gewachsen.	Vielleicht haben Sie im Lauf der Zeit zu viele Aspekte von delegierten Aufgaben übernommen. Versuchen Sie Aufgaben komplett zu delegieren.
ZU VIEL HILFE GEBEN Sie greifen ein, um Zeit zu sparen und das Fehlerrisiko zu eliminieren.	Vielleicht haben Sie falsch delegiert. Erwägen Sie, ob Sie die Fähigkeiten des Beauftragten überschätzt haben, und handeln Sie entsprechend.
UNSICHERE BEAUFTRAGTE Sie werden ständig um Überprüfung und Zustimmung gebeten.	Der Beauftragte fühlt sich durch die neue Verantwortung vielleicht eingeschüchtert. Helfen Sie ihm, Angst zu überwinden. Betonen Sie Ihr Vertrauen in seine Fähigkeiten.

FEEDBACK GEBEN

Am wirksamsten können Sie die Leistung der Mitarbeiter überprüfen, indem Sie die Beauftragten nach jeder Aufgabe zu Feedback-Gesprächen versammeln. Nutzen Sie diese Gespräche, um Leistung anzuerkennen und Probleme zu erörtern.

POSITIVE EINSTELLUNG

Persönliche Nachbereitungsgespräche zwischen dem Delegierenden und dem Beauftragten können entweder positive oder negative Resultate zeitigen. Um eine positive Umgebung zu schaffen, behandeln Sie das Gespräch als Diskussion zwischen Partnern: Besprechen Sie Probleme offen, und erkennen Sie Leistungen bereitwillig an. Gebrauchen Sie das Gespräch nicht dazu, Ihre Autorität geltend zu machen. Äußern Sie Kritik konstruktiv.

73 Führen Sie Nachbereitungs-gespräche konstruktiv.

74 Sprechen Sie mit Beauftragten stets positiv und höflich.

▼ **LEISTUNG BESPRECHEN**
Wenn Sie die Leistung des Beauftragten erörtern, seien Sie sowohl in der Anerkennung als auch in eventueller Kritik positiv. Nutzen Sie die Besprechung als Gelegenheit, den Beauftragten für weitere Aufgaben zu ermutigen.

Beauftragter erstattet Bericht über den Verlauf.

Managerin wählt zwanglose Sitzordnung, damit der Beauftragte sich entspannt fühlt.

LEISTUNG BEWERTEN

Wenn Sie die Leistung des Beauftragten abschließend bewerten, sollten Sie systematisch einzelne Punkte abhandeln. Am wichtigsten ist, ob das Endziel erreicht wurde. Besprechen Sie:

- Ist der Beauftragte auf Probleme gestoßen, die eine Revision des Briefings erforderlich machten?
- Waren die zugewiesenen Mittel angemessen?
- Mussten aufgrund schwacher Leistung des Beauftragten Maßnahmen ergriffen werden?

Selbst wenn keine Probleme aufgetreten sind, besprechen Sie, ob man etwas anders machen könnte, um die allgemeine Leistung und Effizienz in Zukunft zu verbessern.

WICHTIGE FRAGEN

F Bin ich während der Bewertungsgespräche positiv?

F Präsentiert der Beauftragte mir alle wesentlichen Fakten?

F Ermutige ich den Beauftragten, eigene Lösungen anzubieten?

F Vermeide ich Schuldzuweisungen, wenn Fehler gemacht wurden?

F Nutze ich Rückblickgespräche, um den Beauftragten weiterzuentwickeln?

75 Halten Sie Rückblickgespräche nach Möglichkeit nicht improvisiert.

TADEL VERMEIDEN

Sicher wird nicht immer alles plangemäß verlaufen: Projekte überschreiten das Budget, Fristen werden nicht eingehalten oder eine spezielle Aufgabe muss noch einmal gemacht werden. Wenn etwas schief geht, widerstehen Sie der Versuchung zu tadeln – das entmutigt nur. Statt dessen führen Sie ein Feedback-Gespräch, um zu analysieren, was warum schief gegangen ist. Daraus lernt der Beauftragte, ähnliche Fehler künftig zu vermeiden.

DEM VORGESETZTEN BERICHT ERSTATTEN

Wenn Sie Ihrem Vorgesetzten über den Fortgang berichten, wählen Sie Ihre Information sorgfältig aus. Es ist nicht nötig, jede belanglose Einzelheit zu erwähnen. Ihr Vorgesetzter muss nicht über jede Kleinigkeit informiert sein, um Ihre Arbeit zu bewerten. Wenn Sie schriftlich oder mündlich Bericht erstatten, referieren Sie nur wesentliche Entwicklungen. Widerstehen Sie der Versuchung, Aspekte, die gut gelaufen sind, zu übertreiben oder wegzulassen, was daneben ging. Wenn Sie auf Probleme oder Schwierigkeiten gestoßen sind, die Sie besprechen möchten, erklären Sie die Gründe und schlagen Maßnahmen vor. Beenden Sie das Gespräch mit der Frage, ob Sie alle Punkte abgedeckt haben, die für Ihren Chef wesentlich sind.

LOBEN UND BELOHNEN

Erkennen Sie außergewöhnliche Leistungen eines Beauftragten stets an. Gönnen Sie Ehre, wem Ehre gebührt. Erkennen Sie alle Fehler und Irrtümer, aber denken Sie daran, dass Lob und Belohnung eine wesentliche Rolle bei der Motivation spielen.

> **76** Schreiben Sie persönliches Lob mit der Hand, nicht am Computer.

LOB AUSSPRECHEN ▼
Danken Sie einem speziellen Beauftragten für seine hervorragende Leistung, wenn alle Mitglieder des Teams anwesend sind.

Manager dankt dem Beauftragten für seinen Beitrag.

EINEM TEAM DANKEN

Wenn ein Projekt erfolgreich abgeschlossen ist, sollten Sie allen, die daran beteiligt waren, Dank und Anerkennung aussprechen. Ein Delegierender, der nur wenig an der Aufgabe interessiert ist, dann aber die Anerkennung für sich beansprucht, ist nicht nur ein schlechter Manager, er hat auch schlechte Manieren. Wenn Sie das Ergebnis präsentieren, beteiligen Sie auch Ihre Kollegen daran und unterstreichen Sie den Beitrag, den das Team geleistet hat.

Beauftragter

Mitglieder des Teams sind anwesend.

BEMÜHUNGEN ANERKENNEN

Nehmen Sie die gute Ausführung einer delegierten Aufgabe nicht als selbstverständlich hin – möglicherweise haben Sie dem Beauftragten einen strapaziösen Job aufgehalst. Um das Ziel zu erreichen, musste er vielleicht mit vielen Schwierigkeiten und unvorhergesehenen Umständen fertig werden. Wahrscheinlich hat er Überstunden gemacht und durch diesen Auftrag gelernt. Zeigen Sie, dass Sie das Ergebnis und die Anstrengung würdigen, selbst wenn Sie auch auf Irrtümer und Versäumnisse hinweisen müssten. Denken Sie daran, dass Stolz besonders stark motiviert – vielleicht mehr als alles andere. Anerkennung sorgt dafür, dass sich der Mitarbeiter auch weiterhin einsetzt.

77 Erkennen Sie die Mühe, die in die Arbeit gesteckt wurde, stets an.

KULTURELLE UNTERSCHIEDE

Wie belohnt wird, ist weltweit sehr unterschiedlich. In Japan versteht man eine hervorragende Leistung als Teil der Hingabe des Angestellten an seinen Beruf, und das wird nicht gesondert belohnt. In den USA und in Großbritannien, aber in zunehmendem Maß auch in ganz Europa, werden Gratifikationen für besondere Leistungen immer üblicher.

BEAUFTRAGTE LOBEN

Am effektivsten lobt man einen Beauftragten persönlich oder in einem Brief – beide Methoden haben motivierenden Einfluss. Lob zu unterlassen unterminiert das Selbstvertrauen. Denken Sie daran, dass das Lob eines fairen und ehrlichen Kritikers am meisten freut, aber entwerten Sie das Lob nicht durch Übertreibung. Belohnungen in Form von Gehaltserhöhung oder Bonuszahlungen verstärken das Lob.

AUSSERGEWÖHNLICHE LEISTUNG BELOHNEN

Außergewöhnliche Leistungen sollten stets angemessen anerkannt und belohnt werden. Das wirkt motivierend und stimuliert zu vermehrtem Einsatz bei künftigen Aufgaben. Aber teilen Sie Beauftragten, die gerade mal das leisten, was man ohnehin von ihnen erwartet, keine besondere Belohnung zu. Das würde die besondere Funktion einer Belohnung entwerten.

78 Wenn etwas schief geht, suchen Sie Lösungen – nicht Sündenböcke.

SCHWIERIGKEITEN

Sowohl der Delegierende als auch der Beauftragte müssen Schwierigkeiten fortwährend analysieren und aus ihnen lernen. Der erste Schritt zur Lösung eines Problems ist die Frage, ob es von Ihnen, vom Beauftragten oder vom Vorgehen verursacht wird.

79 Geben Sie dem Beauftragten möglichst eine zweite Chance.

WICHTIGE FRAGEN

F War ich mit der Berufung voreilig?

F Ist jemand verfügbar, der es besser machen würde?

F Wie kann ich verhindern, dass dieses Problem wiederkehrt?

F Was würde ich anders machen, wenn ich noch einmal anfangen könnte?

F Welche Stärken und Schwächen hat der Beauftragte?

SELBSTKRITISCH SEIN

Wenn eine delegierte Aufgabe nicht zu Ihrer Zufriedenheit ausgeführt wurde, betrachten Sie zunächst Ihre eigenen Maßnahmen. Vielleicht hätten Sie diese spezielle Sache besser für sich selbst behalten oder sorgfältiger bei der Wahl des Mitarbeiters sein sollen. Gehen Sie das Briefing noch einmal durch und überlegen Sie, ob Sie es klarer hätten fassen können. Prüfen Sie, ob Ihre Kontrollverfahren der Aufgabe angemessen waren. Vielleicht haben Sie nicht genug Hilfe geboten, als sich Probleme ergaben. Seien Sie bei dieser Selbstanalyse möglichst objektiv.

ENTSCHEIDUNG ÜBERDENKEN

Wenn der von Ihnen Beauftragte Ihren Erwartungen nicht entspricht, prüfen Sie, wie und warum Ihre Wahl auf ihn fiel. Wenn Sie die Ansprüche der Aufgabe und die zur Verfügung stehenden Mitarbeiter systematisch aufeinander abgestimmt haben, so war entweder die Aufgabenbeschreibung oder die Einschätzung der Person falsch – vielleicht auch beides. Das Versagen des Beauftragten heißt nicht unbedingt, dass Sie die falsche Wahl getroffen hatten – Ihre eigenen Fehler oder Umstände, die sich Ihrer Kontrolle entzogen, können die Arbeit behindert haben. Reden Sie mit dem Beauftragten, und handeln Sie dann entsprechend.

80 Analysieren Sie bei Problemen Ihre Maßnahmen.

81 Erwägen Sie die Folgen, bevor Sie eine Anweisung radikal ändern.

BRIEFING REVIDIEREN

Im Verlauf eines Projekts besprechen Sie die Anweisungen und nehmen, falls nötig, kleine Änderungen vor. Wenn größere Schwierigkeiten zu ernsthaften Problemen führen, überlegen Sie, ob durch ein strengeres Kontrollverfahren das Problem hätte vermieden werden können. Es ist auch möglich, dass eine plötzliche Änderung der Umstände Ausgangspunkte des Briefings außer Kraft setzt. Bevor Sie grundlegende Änderungen vornehmen, denken Sie gründlich nach: Kann es passieren, dass Sie das eine Problem lösen und dafür andere verursachen?

DAS IST ZU TUN

1. Prüfen Sie, wo der Fehler liegt.
2. Tauschen Sie, wenn unbedingt notwendig, einen Beauftragten aus.
3. Kontrollieren Sie regelmäßig.
4. Kümmern Sie sich um Schwierigkeiten sofort.

82 Verhalten Sie sich auch bei Schwierigkeiten möglichst offen und konstruktiv.

LEISTUNG PRÜFEN

Resultate sagen Ihnen nicht unbedingt alles, was Sie über die Ausführung einer Aufgabe wissen müssen. Genauere Hinweise erhalten Sie bei Ihren Feedback-Besprechungen mit dem Beauftragten und durch persönliche Beobachtungen. Sie können nicht das Vertrauen des Beauftragten erhalten, wenn Sie hinter seinem Rücken Erkundigungen einziehen. Seien Sie offen bei der Suche nach relevanter Information. Bedenken sie, dass Kollegen oft selbst betroffen und nicht ganz objektiv sind. Sollten Fehlleistungen ans Licht kommen, so ist es Ihre Sache, die nötigen Schritte zu unternehmen.

UMGANG MIT SCHWIERIGKEITEN ALS BEAUFTRAGTER

Das Verständnis für den Prozess des Delegierens hilft Ihnen auch, wenn Sie mit einer Aufgabe beauftragt werden. Wenn die Dinge nicht plangemäß verlaufen, haben Sie die Chance, Ihre Initiative und Entscheidungsfähigkeit zu beweisen. Analysieren Sie die Ursachen des Problems, und ergreifen Sie Korrekturmaßnahmen. Halten Sie Ihren Manager dabei auf dem Laufenden. Wenn die Korrektur Ihre Befugnisse überschreitet, sollten Sie gemeinsam mit Ihrem Manager nach einer Lösung suchen. Die erfolgreiche Ausführung der Aufgabe ist der Hauptfaktor, nach dem Ihre Leistung beurteilt wird.

PROBLEME BESEITIGEN

Als Manager müssen Sie imstande sein, Irrtümer zu erkennen und zu korrigieren, die Ihr Beauftragter bei der Ausführung der Anweisung macht. Wenn ein Beauftragter einen Fehler macht, den Sie kritisieren müssen, so formulieren Sie taktvoll und positiv. Sprechen Sie das aktuelle Problem an, aber stellen Sie nicht die Person in Frage. Sie sollten dem Mitarbeiter helfen, dass solche oder ähnliche Fehler in Zukunft vermieden werden.

83 Seien Sie hart gegen Mitarbeiter, die ihre Fehler verbergen.

84 Nutzen Sie Fehler, um Ihre Fähigkeiten als Manager zu verbessern.

85 Überlegen Sie, ob das Briefing Ursache eines Fehlers war.

AUS FEHLERN LERNEN

Wenn Sie mit Fehlschlägen richtig umgehen, können Sie ebenso wertvoll sein wie der Erfolg in der Abwicklung der Aufgabe. Nutzen Sie die Gelegenheit, aus Fehlern möglichst viele nützliche Lehren zu ziehen. Natürlich ist die Versuchung für jeden groß, lieber Ausreden zu gebrauchen als die wirklichen Ursachen zu klären. Aber Entschuldigungen helfen wenig und sind nur Tarnmanöver. Wenn Sie einen Fehler erkannt haben, analysieren Sie sorgfältig die Ursachen und besprechen Sie diese mit dem Beauftragten. Ein Fehler ist keine Sünde, wohl aber, wenn derselbe Fehler zweimal gemacht wird.

VERFAHREN▶ KORRIGIEREN

Der Fehler der Sachbearbeiterin wäre gewiss vermeidbar gewesen und hätte nicht passieren dürfen. Aber er bot dem Geschäftsführer eine gute Gelegenheit, Schwächen im Verfahren aufzudecken und die Vorgehensweise zu ändern.

FALLBEISPIEL

Als die Druckerei Schmidt Geld verlor, weil sie einem Kunden ein zu niedriges Angebot gemacht hatte, untersuchte der Geschäftsführer als erstes, wie so ein Fehler überhaupt möglich war. Die Sachbearbeiterin gab zu, übersehen zu haben, dass die Kosten für Falzen und Binden bei der Kostenberechnung außer Acht gelassen waren. Sie war gerade mit anderen Projekten beschäftigt und stand unter Zeitdruck, konnte aber sonst keine Erklärung für das Versehen geben. Es war nun wichtig, die Faktoren zu identifizieren, die zu dem Fehler geführt hatten, und so untersuchte man das Verfahren. Es zeigte sich, dass Falzen und Binden in den Preislisten als »Fertigstellung« auftauchten, während dem Kunden nur das Schneiden berechnet worden war. Um diesen Fehler in Zukunft zu vermeiden, wurde vereinbart, dass in der Preisliste ab sofort alle einzelnen Arbeitsgänge aufgelistet werden.

PROJEKTE AUSWERTEN

Projektauswertung ist ein systematisches Verfahren zum Identifizieren und Korrigieren von Fehlern. Dazu gehört das regelmäßige Vergleichen des aktuellen Fortgangs mit den Zielen des Briefings. Das ermöglicht es, Abweichungen vom vorgesehenen Handlungsverlauf zu analysieren und zu erklären. Halten Sie schriftlich fest, welche Lehren Sie aus Fehlern und Erfolgen ziehen, so dass Sie Ihre Vorgehensweisen korrigieren können.

> **86** Halten Sie Fehler und daraus gezogene Lehren für die Zukunft fest.

SCHWIERIGKEITEN BEI DER PROJEKTEINSCHÄTZUNG

ASPEKTE DES PROJEKTS	DAS SOLLTEN SIE BEDENKEN
ZIELE Gesamtziel des Projekts und einzelne Zwischenziele.	• Das langfristige Ziel kann nicht erreicht werden, wenn das Briefing falsch ist und ständig nachgebessert werden muss. • Ein Projekt kann gefährdet sein, wenn Zwischenziele verfehlt werden.
MITTEL Personal, Geldmittel, Information und benötigte Ausrüstung.	• Im Zweifelsfall ist es besser, die mit dem Projekt verbundenen Kosten höher anzusetzen. • Unzulängliche Mittel behindern selbst die fähigsten Mitarbeiter.
ZEITPLAN Die Terminplanung für die Fertigstellung des Projekts.	• Das Risiko der Fristüberschreitung lässt sich minimieren, indem man die Termine jeder Phase vorher festlegt. • Unerwartete Probleme können selbst die besten Pläne aufheben.
VERFAHREN Die Vorgehensweise zum Erreichen des Gesamtziels des Projekts.	• Um das gewünschte Ziel zu erreichen, müssen Sie eine klare Vorstellung des Wegs haben, der Sie dorthin führt. • Werden Ziele geändert, muss auch das Vorgehen geändert werden.
VOLLMACHT Die Verantwortung für Entscheidungen in Bezug auf das Projekt.	• Unzulängliche Vollmachten können die Beauftragten beim Entscheiden behindern und zu Verzögerungen führen. • Wird Befugnis vorenthalten, leidet die Motivation der Mitarbeiter.
FEEDBACK Die Kommunikation zwischen Delegierendem und Beauftragtem.	• Ein Projekt, das sich in Schwierigkeiten befindet, wird scheitern, wenn es keine konstruktive Kommunikation gibt. • Körpersprache kann Ihre Worte unterstreichen oder ihnen widersprechen.

TESTEN SIE SICH

Delegieren erfordert eine breite Palette an Führungseigenschaften, von Kommunikation bis hin zur Anwendung von Kontrollsystemen. Schätzen Sie Ihre Fähigkeiten ein, indem Sie die folgenden Statements beantworten und die Optionen ankreuzen, die Ihrer Erfahrung am nächsten kommen. Seien Sie dabei möglichst ehrlich. Ist Ihre Antwort »Nie«, kreuzen Sie 1 an, für »Immer« die 4. Zählen Sie Ihre Punkte zusammen und sehen Sie in der Auswertung nach, wie Sie abgeschnitten haben.

OPTIONEN

1 Nie

2 Gelegentlich

3 Oft

4 Immer

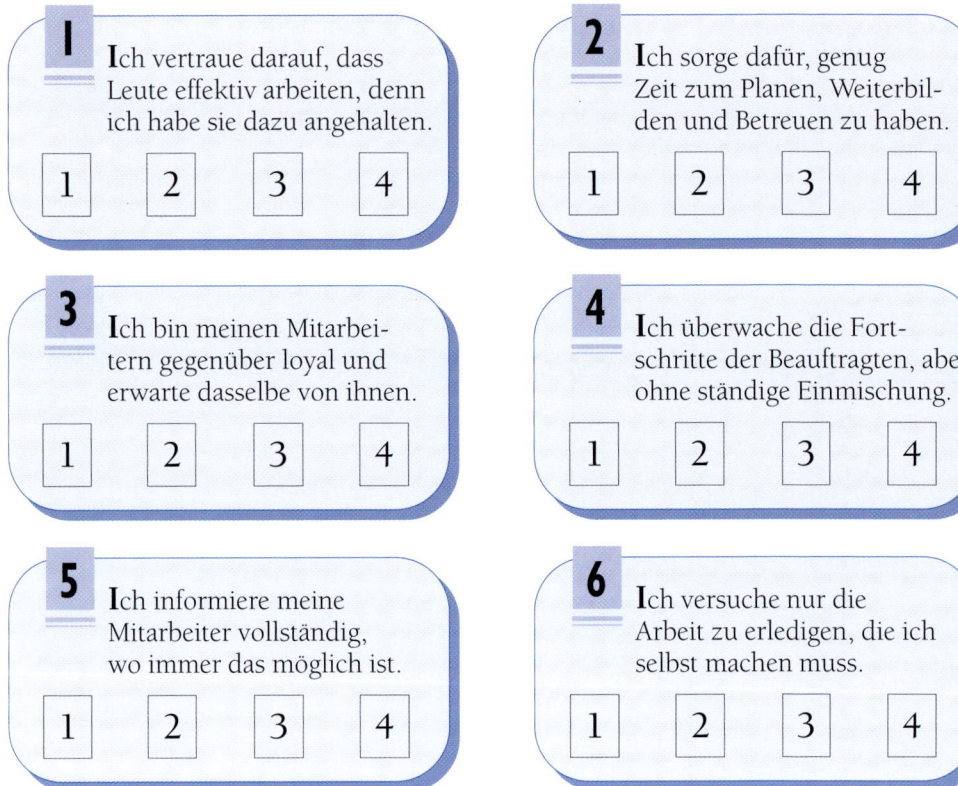

1 Ich vertraue darauf, dass Leute effektiv arbeiten, denn ich habe sie dazu angehalten.

1   2   3   4

2 Ich sorge dafür, genug Zeit zum Planen, Weiterbilden und Betreuen zu haben.

1   2   3   4

3 Ich bin meinen Mitarbeitern gegenüber loyal und erwarte dasselbe von ihnen.

1   2   3   4

4 Ich überwache die Fortschritte der Beauftragten, aber ohne ständige Einmischung.

1   2   3   4

5 Ich informiere meine Mitarbeiter vollständig, wo immer das möglich ist.

1   2   3   4

6 Ich versuche nur die Arbeit zu erledigen, die ich selbst machen muss.

1   2   3   4

7 Ich widme Personalfragen Zeit und gebe ihnen Vorrang.

| 1 | 2 | 3 | 4 |

8 Ich behandle Planung und Kontrolle beim Delegieren mit großer Sorgfalt.

| 1 | 2 | 3 | 4 |

9 Ich behandle Mitarbeiter wie Gleichberechtigte, wenn ich nach Maßnahmen suche.

| 1 | 2 | 3 | 4 |

10 Ich sorge dafür, dass die Beauftragten den Umfang ihrer Verantwortung kennen.

| 1 | 2 | 3 | 4 |

11 Ich sorge dafür, dass es keine Überlappungen von Verantwortung gibt.

| 1 | 2 | 3 | 4 |

12 Ich bin imstande, Beauftragte im Bedarfsfall schnell zu ernennen.

| 1 | 2 | 3 | 4 |

13 Ich bewerte Mitarbeiter, indem ich positive und negative Aspekte in Betracht ziehe.

| 1 | 2 | 3 | 4 |

14 Ich beauftrage die beste Person, ungeachtet des Alters oder der Position.

| 1 | 2 | 3 | 4 |

15 Ich beteilige den Beauftragten an der Vorbereitung eines detaillierten Briefings.

| 1 | 2 | 3 | 4 |

16 Ich sorge dafür, dass für Beauftragte angemessene Hilfe zur Verfügung steht.

| 1 | 2 | 3 | 4 |

17 Ich halte Beauftragte dazu an, bei Problemen selbst aktiv zu werden.

1 2 3 4

18 Ich tadle nicht, wenn ein Fehler passiert, weil etwas Neues probiert wird.

1 2 3 4

19 Ich beurteile die Leistung nach wichtigen Indikatoren und Fakten.

1 2 3 4

20 Ich sorge dafür, dass ich meinen Beauftragten jederzeit positives Feedback gebe.

1 2 3 4

21 Ich achte darauf, dass Abläufe regelmäßig überprüft und angepasst werden.

1 2 3 4

22 Ich benutze eine Checkliste, wenn ich den Fortgang bespreche.

1 2 3 4

23 Ich führe ein Verzeichnis, welche Aufgaben ich delegiert habe und an wen.

1 2 3 4

24 Ich bin für meine Mitarbeiter erreichbar, um eventuelle Probleme zu besprechen.

1 2 3 4

25 Ich erwäge alle möglichen Alternativen, ehe ich eine Aufgabe zurücknehme.

1 2 3 4

26 Ich lege Wert darauf, alle herausragenden Leistungen anzuerkennen.

1 2 3 4

27 Ich sorge dafür, allen Beauftragten für erfolgreiche Arbeiten zu danken.

| 1 | 2 | 3 | 4 |

28 Ich übernehme die Verantwortung, wenn ich einen Fehler mache.

| 1 | 2 | 3 | 4 |

29 Ich erwäge sorgfältig, ob ein Beauftragter ausgetauscht werden muss.

| 1 | 2 | 3 | 4 |

30 Ich analysiere Vorgänge, damit alle aus Erfolgen und Misserfolgen lernen.

| 1 | 2 | 3 | 4 |

31 Ich ersuche Angestellte um Feedback und reagiere positiv darauf.

| 1 | 2 | 3 | 4 |

32 Ich nutze alle Fehlschläge, um daraus Lehren für die Zukunft zu ziehen.

| 1 | 2 | 3 | 4 |

AUSWERTUNG

Nachdem Sie alle Fragen so ehrlich wie möglich beantwortet haben, addieren Sie Ihre Punkte und vergleichen die Summe mit der nachfolgenden Auswertung. Unabhängig davon, welches Ergebnis Sie beim Delegieren von Aufgaben erzielt haben: Es gibt fast immer Möglichkeiten, etwas besser zu machen. Stellen Sie Ihre schwächsten Bereiche fest, und lesen Sie die entsprechenden Abschnitte noch einmal, um praktische Hinweise zur Verbesserung zu finden.

32–64 Sie delegieren weder sinnvoll noch genug. Trainieren Sie, Prioritäten zu setzen und geeignete Mitarbeiter zu definieren.
65–95 Oft funktioniert es, wenn Sie delegieren, obwohl es Lücken gibt. Verbessern Sie die Schwachstellen.
96–128 Sie delegieren sehr gut, aber sicher können auch Sie Ihre Qualität als Führungskraft noch verbessern.

KOMPETENZ-ERWEITERUNG

Der Prozess des Delegierens eignet sich ideal, um das Niveau von Kenntnissen anzuheben. Nutzen Sie diese Kompetenzerweiterung zur Motivierung der Mitarbeiter.

MITARBEITER FÖRDERN

Um Ihren Mitarbeitern Unterstützung anzubieten, sollten Sie Mittel und Wege für kontinuierliche Schulungen, Seminare und andere Weiterbildungsmaßnahmen zur Verfügung stellen, erreichbare Ziele definieren und wirksame Anreize bieten.

87 Schulen Sie Ihre Mitarbeiter, so dass sie vielfältig einsetzbar sind.

88 Geben Sie bei Weiterbildung ein gutes Beispiel.

89 Unterschätzen Sie die Fähigkeiten der Beauftragten nicht.

AUFGABEN KOMBINIEREN

Wenn Sie die Kenntnisse Ihres Beauftragten weiterentwickeln, können Sie ihn mit der Abwicklung einer vollständigen Aufgabe betrauen. Dadurch vermeiden Sie viele Fehlerquellen, die dadurch entstehen, dass einzelne Bestandteile von Aufgaben durch mehrere Leute bearbeitet werden müssen. So waren z.B. in der Debitorenbuchhaltung eines Unternehmens einzelne Konten desselben Kunden über fünf Buchhalter verteilt. Sie mussten sich untereinander jeweils abstimmen, was einen enormen Zeitaufwand bedeutete. Es wurde beschlossen, die Konten zusammenzulegen.

SCHULUNGEN

Es ist falsch und entmutigend, jemanden mit einer Aufgabe zu betrauen, zu der ihm die erforderlichen Kenntnisse fehlen. Teilen Sie Mitarbeitern niemals neue oder veränderte Rollen zu, ohne zuerst für die nötige Schulung zu sorgen. Fragen Sie auch erfahrene Mitarbeiter, ob es irgendwelche Bereiche gibt, in denen sie sich noch gerne fortbilden würden – das kann sehr motivierend sein. Kontinuierliche Schulung auf allen Ebenen ist ein gutes Fundament, auf dem Sie jederzeit erfolgreich delegieren können.

▲ **WAHL EINES SCHULUNGSPROGRAMMS**
Sehen Sie im Etat die Fortbildung von Mitarbeitern vor. Vergleichen Sie einzelne Lehrgänge miteinander. Beachten Sie: Der billigste Lehrgang kann Sie langfristig teurer kommen als ein guter.

FÄHIGKEITEN NEU BEURTEILEN

Das Delegieren einer Aufgabe bietet Ihnen die Möglichkeit, die Fähigkeiten des Mitarbeiters zu beurteilen. Hat er bereits vorher für Sie gearbeitet, so können Sie seine Leistung im Lichte neuer Anforderungen neu einordnen. Beobachten Sie Leistungen des Beauftragten konstant, da neue Aufgaben möglicherweise verborgene Talente offenbaren oder Bereiche zeigen, in denen es Mängel gibt. Dabei zeigt sich zuweilen, dass ein Mitarbeiter für Aufgaben eingesetzt wurde, die weit unter seinen Fähigkeiten liegen.

▼KOMMUNIKATIONS-SCHULUNG

Als der Geschäftsführer erkannte, dass die Probleme in der Werkstatt auf mangelhafte Kommunikation zurückzuführen waren, veranlasste er eine Weiterbildung.

FALLBEISPIEL
Die Effizienz und der Ruf einer großen Kfz-Werkstatt litten durch Streitereien zwischen einzelnen Abteilungen. Wenn Kunden Versprechungen gemacht wurden, die nicht eingehalten werden konnten, schoben die Angestellten der Auftragsannahme und die Mechaniker einander die Schuld zu. Um die beiden Abteilungen wieder zu einem guten Einvernehmen zu bringen, beschloss der Chef, die Kommunikationsfähigkeit des Werkstattleiters weiter zu schulen und ihn auch bei der Auftragsannahme einzusetzen. Danach konnte er zwischen den Mechanikern und der Annahmestelle vermitteln. Er wurde auch eingeschaltet, wenn Kunden technische Rückfragen hatten.
Der Einsatz im Gesamtbereich der Abwicklung befriedigte den Werkstattleiter sehr. Die Kunden profitierten von seinem Fachwissens. Der Konflikt zwischen den beiden Abteilungen war mit dieser Maßnahme behoben.

MITARBEITER BETREUEN

Beim Delegieren übernimmt der Manager die Rolle des Betreuers, der mit den einzelnen Mitarbeitern redet und ihre Weiterentwicklung fördert. Zu den wichtigsten Punkten, die mit den Beauftragten zu besprechen sind, gehört die Frage, ob sie Aufgaben effizient anpacken. Mitarbeiter, die gut dastehen wollen, bitten nicht gerne um Hilfe. Daher müssen Sie dafür sorgen, dass ihre Fähigkeiten dem Niveau ihrer Aufgaben entsprechen.

90 Reservieren Sie Zeit zur Betreuung der wichtigsten Beauftragten.

Skizze zeigt Struktur des Projekts.

Beauftragter notiert Information.

Managerin erläutert Entwicklungen.

▲ ZEIT, UM MITARBEITER ZU FÖRDERN

Reservieren Sie jede Woche etwas Zeit, um Ihre Mitarbeiter über neue Entwicklungen auf dem Laufenden zu halten und ihre Kenntnisse in den Bereichen zu erweitern, in denen Sie Arbeit delegieren möchten.

ZIELE ABSTECKEN

Eine der erfolgreichsten Methoden, Beauftragte zu fördern, sind Ziele. Aber setzen Sie die Ziele so, dass sie realistisch sind und der Beauftragte sie als erreichbar akzeptieren kann. Gemeinsam können Sie die Bereiche der Aufgabe herausfinden, in denen die Kenntnisse des Beauftragten verbessert werden müssen. Diese Art von »Training-on-the-Job« hilft dem Beauftragten bei der aktuellen Arbeit und den zukünftigen Aufgaben.

ERWARTUNGEN ÜBERTREFFEN

Mitarbeiter können Erwartungen übertreffen, wenn Sie ihnen ehrgeizige, aber erreichbare Ziele stecken und sie dann selbst entscheiden lassen, wie diese zu erreichen sind. Dieses Nichteinmischungsverfahren hat zwei wesentliche Vorteile: Die Beauftragten sind motiviert, weil sie Freiheit zur Eigeninitiative haben. Das Unternehmen insgesamt hat den Vorteil gesteigerter Effizienz, die motivierte Mitarbeiter an den Tag legen.

TUN UND LASSEN

✔ Sorgen Sie dafür, dass alle wissen, dass bei Bedarf Schulungen angeboten werden.

✔ Äußern Sie Dank, wenn jemand eine gute Leistung erbracht hat.

✔ Sagen Sie den Beauftragten, dass sie andere im Bedarfsfall um Hilfe bitten sollen.

✔ Fragen Sie Mitarbeiter, welche zusätzlichen Kenntnisse sie ihrer Meinung nach brauchen.

✘ Denken Sie daran, dass finanzielle Belohnung nicht immer der wirksamste Anreiz ist.

✘ Ersticken Sie Kreativität nicht, indem Sie Vorschriften vor Resultate setzen.

✘ Glauben Sie nicht, dass Kritik in jedem Fall entmutigt.

✘ Setzen Sie keine unklaren Ziele, die dem Beauftragten sowieso unerreichbar erscheinen.

91 Wenn Mitarbeiter unzufrieden sind, finden Sie die Ursache heraus.

WIRKSAM LOBEN

Loben Sie den Beauftragten möglichst bald nach dem Ereignis, das dazu Anlass gibt. Seien Sie aufrichtig freundlich, aber nicht überschwänglich, und sprechen Sie speziell über die Aspekte, die Sie am meisten beeindruckt haben. Vergleiche sind zuweilen vorteilhaft: Wenn der Beauftragte besser war als andere, ist das ein Grund, ihn zu loben. Mit Dank und Lob fördern Sie die Motivation und schaffen die Grundlage für weitere gute Arbeit.

BELOHNUNG ANBIETEN

Mitarbeiter werden dafür bezahlt, dass sie den Erwartungen entsprechend arbeiten, also vermeiden Sie Leistungsprämien für normale Leistung. Delegierende und Beauftragte verfolgen dieselben Ziele. Beide Seiten haben Interesse daran, dass der Job ordentlich ausgeführt wird und den Erwartungen entspricht. Das Gehalt Ihrer Mitarbeiter wird wahrscheinlich steigen, wenn sie ihre Fähigkeiten weiterentwickeln.

92 Setzen Sie realistische Ziele und seien Sie bei der Planung flexibel.

STELLVERTRETER ERNENNEN

Die Förderung eines Stellvertreters ist ein wesentlicher Bestandteil der Aufgabe des Managers. Wenn sie einen Stellvertreter ernennen, fördern Sie den qualifiziertesten Kandidaten und erteilen Sie ihm die entsprechenden Befugnisse.

93 Bitten Sie einen Vorgesetzten, Ihren Stellvertreter im Auge zu behalten.

94 Wenn Sie einen Stellvertreter ernennen, informieren Sie alle.

STELLVERTRETER FÖRDERN

Für Sie als Manager ist es wichtig, Ihre Mitarbeiter ständig auf potenzielle Führungseigenschaften hin zu überprüfen. Schließlich sind Sie ja manchmal abwesend, und jemand muss Sie vertreten. Die zeitweilige Übernahme eines Teils Ihrer Arbeit gibt einer möglichen künftigen Führungskraft die Gelegenheit, ihre Fähigkeiten zu erproben. Fördern Sie einen Stellvertreter, indem Sie ihm mehr Aufgaben übertragen. Damit gewinnen Sie Zeit, sich auf andere wichtige Aufgaben zu konzentrieren.

BEFUGNISSE DELEGIEREN

Als Führungskraft sind Sie verantwortlich dafür, jüngere Führungskräfte zu ernennen oder abzusetzen, ihnen Vollmachten zu geben und ihre Verantwortlichkeit zu erweitern. Je mehr Befugnisse Sie an Ihren Führungskandidaten delegieren, desto besser fördern Sie seine Kenntnisse und Fähigkeiten. Ermutigen Sie Ihren Stellvertreter, selbst zu delegieren und seine Befugnisse an Beauftragte seiner Wahl weiterzugeben.

Erfahrung in Kommunikation

Engagement für den Beruf

Ausgewogener Charakter

Loyalität zum Unternehmen

Selbstvertrauen

▲ **WORAUF ES BEI FÜHRUNGSKANDIDATEN ANKOMMT**
Erwägen Sie alle Eigenschaften, die ein Kandidat mitbringt. Achten Sie auf Erfahrung und Zuverlässigkeit, kombiniert mit guten Kommunikationsfähigkeiten, Selbstvertrauen und Begeisterung.

NICHT VERGESSEN

- Führungskandidaten sollten Gelegenheit bekommen, sich vor den Kollegen zu beweisen.

- Befugnisse teilen heißt nicht, dass man sie abtritt. Der Manager bleibt immer Letztverantwortlicher.

- Stellvertreter sollten die Freiheit und Befugnis haben, auf ihre Weise zu handeln.

- Führungsschulung ist entscheidend; Umgang mit Untergebenen muss gelernt werden.

- Charakter und Wissen sind gleichermaßen Voraussetzungen für einen guten Manager.

BEFÖRDERN NACH VERDIENST

Um negative Reaktionen nach der Beförderung in eine Führungsposition zu vermeiden, müssen Sie Ihren Kandidaten einzig aufgrund seiner Verdienste wählen. Wer über seine Fähigkeiten hinaus befördert wird, fühlt sich unwohl, und Unsicherheit beeinträchtigt die Leistung. Andere, die sich übergangen fühlen, werden durch eine falsche Wahl demotiviert. Selbst bei einer verdienten Beförderung können Kollegen die Führungsqualitäten, die Sie erkannt haben, vielleicht nicht gleich schätzen. Zeigen Sie also, dass Sie Vertrauen zu Ihrem beauftragten Kandidaten haben. Ist er der Geeignete, wird es nicht lange dauern, bis er Ihre Erwartungen erfüllt und die Ernennung rechtfertigt.

FÜHRUNGSTRAINING

Es gibt eine große Auswahl an Führungslehrgängen. In guten Seminaren werden spezifische Kenntnisse gelehrt, die relevante persönliche Eigenschaften und Qualitäten verstärken. Führungslehrgänge werden oft in Kombination mit anderen Seminarthemen, wie Kommunikation oder Qualitätsmanagement, veranstaltet. Aber Theorie allein genügt nicht. Führung ist eine zwischenmenschliche Fähigkeit, die in realer Umgebung praktiziert werden muss. Deshalb erwägen Sie, Kandidaten hin und wieder Gelegenheit zu bieten, ein Team zu leiten. Diese Aufgabe kann unabhängig von der Position des Mitarbeiters zugewiesen werden. Rotierende Führung von Arbeitsgruppen oder ähnlichen Teams gibt den Mitarbeitern die Gelegenheit, selbst herauszufinden, welche Anforderungen an Führungskräfte gestellt werden.

▲ FÜHRUNGSSCHULUNG
Schulung kann weit vom Arbeitsplatz stattfinden. Aktivitäten im Freien fördern die Fähigkeit zur Teamarbeit und Personalführung.

PERSÖNLICH WEITERKOMMEN

Sie sollten nicht so sehr mit der Förderung anderer beschäftigt sein, dass Sie Ihre eigene Weiterentwicklung vernachlässigen. Delegieren verschafft Ihnen mehr Zeit und trainiert zugleich viele Fähigkeiten. Aber darauf allein sollten Sie sich nicht verlassen.

95 Reservieren Sie genug Zeit, um neue Ideen zu entwickeln.

96 Legen Sie fest, was Sie lesen möchten, und halten Sie sich an diesen Plan.

LEISTUNG STEIGERN

Delegieren umfasst einige der wichtigsten Führungsaufgaben: Entscheidung, Planung und Kontrolle erzielen optimale Resultate. Diese Aktivitäten sind zentral für jeden Managementprozess, so dass jeder Delegierende seine Effizienz steigern kann. Aber eine gute Leistung lässt sich immer noch weiter steigern. Es gibt kein absolutes Höchstniveau, selbst unter günstigsten Bedingungen. Um als Manager erfolgreich zu sein, müssen Sie sich regelmäßig selbst bewerten und nach Wegen suchen, neue Fähigkeiten zu entwickeln.

AUFGABEN NEU BEWERTEN

Während Sie Ihre Fähigkeiten beim Delegieren weiterentwickeln, werden Ihre Mitarbeiter natürlich ihre eigenen Fähigkeiten verbessern und steigern und dabei Selbstvertrauen und Erfahrung gewinnen. Bewerten Sie jene Mitarbeiter, die aus ihren ursprünglichen Aufgaben herausgewachsen sind und in der Lage wären, kompliziertere Aufgaben zu übernehmen. Dadurch verbessert sich die Struktur und das Gleichgewicht Ihrer Arbeitsbelastung, so dass Sie sich um andere Aufgaben kümmern können und noch bessere Resultate erzielen.

WICHTIGE FRAGEN

F Bin ich über die Erfordernisse modernen Managements auf dem Laufenden?

F Bin ich mit meiner eigenen Leistung zufrieden?

F Investiere ich genug Zeit in neue Wege, mit vertrauten Problemen fertig zu werden?

F Wenn ich andere berate, höre ich auf meinen eigenen Rat?

FÄHIGKEITEN ENTFALTEN

Nutzen Sie den Delegierungsprozess, um sich von Routinearbeiten, wie etwa Administration, zu befreien, so dass Sie anspruchsvollere und abwechslungsreichere Aufgaben in Angriff nehmen können, z.B. Personalfragen, Problemlösungen und Forschen nach neuen Ideen. Indem Sie diese Fähigkeiten weiterentwickeln, können Sie Ihre Leistung außerordentlich steigern.

97 Wenn Sie eine Lücke in Ihren Fähigkeiten kennen, füllen Sie sie.

SCHULUNG NUTZEN

Selbst wenn Sie meinen, dass Sie über allem stehen, sollten Sie sich immer wieder fortbilden. Denken Sie über Lehrgänge in jenen Bereichen nach, die Sie noch nicht so recht beherrschen. Aktualisieren Sie Ihre Fachkompetenz und Ihr Wissen, um neue Ideen entwickeln zu können. Für jeden gibt es vielerlei Dozenten und Verfahren, die auf seinen speziellen Bedarf abgestimmt sind.

98 Nehmen Sie jede Gelegenheit wahr, von anderen zu lernen.

SELBSTSTUDIUM

Ein amerikanischer Multimillionär besitzt die größte Bibliothek der Welt mit Fachliteratur zum Selbststudium. Ganz gleich, ob die Bücher nun wirklich zu seinem Erfolg beigetragen haben, das Prinzip ist richtig. Jedes dieser Bücher beschreibt Ideen oder Techniken, die den Job des Managers erleichtern und seine Leistung steigern können. Auch wenn ein Manager sein Know-how in der Praxis täglich erweitert, kann jeder aus systematischem Selbststudium großen Nutzen ziehen. Nehmen Sie sich Zeit, regelmäßig Bücher und Fachzeitschriften zu lesen. Der Gewinn lässt sich kaum in Zahlen ausdrücken.

▼ **FORTBILDUNG**
Beginnen Sie ein Fernstudium, wenn Sie keine Zeit zur Teilnahme an Lehrgängen haben.

Notieren wichtiger Punkte

AUCH AM CHEF ARBEITEN

Vielleicht haben Sie selbst schon ganz beachtliche Fertigkeiten im Delegieren entwickelt, meinen aber, dass Ihr Chef dies in der Zusammenarbeit mit Ihnen noch nicht so richtig beherrscht. Fragen Sie sich, ob es daran liegt, dass er Ihre Fähigkeiten noch nicht richtig erkannt hat, oder ob er seine Position gefährdet sieht. Eventuell sagen Sie Ihrem Chef, dass Sie sich unterbewertet fühlen und mehr Verantwortung übernehmen können.

> **99** Gewöhnen Sie sich an, mit Ihrem Vorgesetzten ehrlich zu sprechen.

IHRE KARRIERE MANAGEN

Suchen Sie beim Planen Ihrer Karriere gezielt nach Wegen, weiterzukommen – überlassen Sie das nicht dem Zufall. Nutzen Sie Ihre Delegier-Fähigkeiten, um Zeit zum Nachdenken über Ziele und Wünsche zu haben. Vielleicht entwerfen Sie schriftlich einen Karriereplan mit Zieldaten, um von einer Stufe zur nächsten zu gelangen. Wenn Sie auf diese Ziele hinarbeiten, gewinnen Sie eine positive Haltung und können das Beste aus allen Chancen machen.

Klaus wird zum Projektleiter befördert und Mitgliedern seines Teams vorgestellt.

Unzulängliches Delegieren führt zu Ineffizienz und Verzögerungen.

▲ FORTSCHRITT DURCH DELEGIEREN

Dieser Manager macht die Erfahrung, dass er sich durch unzulängliches Delegieren schadet. Durch sinnvolles Delegieren kann er seine Zeit produktiver nutzen, einen Karriereplan entwickeln und vorankommen.

AKTIVE EINSTELLUNG

In unserer Welt ständiger Veränderung braucht man Führungskräfte, die weitgehend unabhängig agieren. Eigeninitiative, Beschlussfreudigkeit und aktive Karriereplanung werden in Unternehmen geschätzt, die im Wettbewerb nicht auf der Strecke bleiben wollen. Erfolgreiche Manager müssen aktiv handeln und effizient delegieren, statt nur unter Druck zu reagieren. Also strengen Sie sich an, und setzen Sie Ihre Fähigkeiten in Ihrer derzeitigen Position ein. Ergreifen Sie jede Gelegenheit, Verantwortung zu übernehmen. Wenn das Unternehmen Ihnen diese Möglichkeit zur Entfaltung verweigert, könnte die beste Reaktion darin bestehen, eine andere Stellung zu suchen.

100 Fragen Sie, wo Sie in zehn Jahren sein möchten, und planen Sie den Weg.

Klaus entwickelt Karriereziele und wird befördert.

Durch effektives Delegieren wird Klaus zum erfolgreichen Manager.

Klaus verbessert seine Delegier-Fähigkeiten und setzt die Leute seines Teams produktiv ein.

101 Verstecken Sie Ehrgeiz nicht – lassen Sie Ihre Vorgesetzten wissen, was Sie erreichen wollen.

REGISTER

BILDNACHWEIS

Der Verlag dankt folgenden Organisationen und Personen
für die Genehmigung zum Abdruck ihrer Fotos:

m = Mitte, o = oben, u = unten, r = rechts, l = links

Ace Photo Library: Jigsaw 2, Seite 4
Telegraph Colour Library: Seite 66
Tony Stone Images: Sean Arbabi, Seite 65